娜拉，
如果妳在挪威長大

Hvis Nora kunne vokse opp I Norge

李濠仲

目次

第一幕 新生

第二幕 幼稚園生活

第三幕 基礎教育

第四幕 價值觀

推薦序／

為臺灣注入美好願景

• 楊佳羚

也許因為同樣有在北歐生活、生養小孩的經驗，使我有幸比一般讀者先閱讀完這本精采好書。雖然瑞典與挪威制度不盡相同，但同樣在北國身為新手父母的作者與我，都親身體驗了北歐國家給小孩、父母的社會福利，學習不一樣的教育觀與生命哲學，寫下關於北歐國家的觀察與反思。

作者在描述「新生」的第一幕，讓我再次看到北歐國家「不把孕婦當病人」、一切順其自然的懷孕與生產過程。極少的醫療儀器干預，顯示這個國家並不一味推崇醫生及醫療儀器，而是相信助產士依其多年經驗而累積的技術，透過助產士、照護人員、準父母及胎兒的共同努力，讓新生兒來到這個世界。不僅減少懷孕生產的醫療化，當小貝比生病時，也以減少用藥為原則，以提升新生兒的免疫力。雖然和臺灣相較，在北歐國家成為爸媽要有更強的心臟，才能在小孩生病卻無法「亂投醫」之際生存下來。但仔細想想，當前我們面臨各種超級病菌的威脅，不正是過度用藥的後果？當臺灣健保連年虧損，不正因為我們太浪費醫療資源，忘了個人免疫力提升與保持運動習慣才是強身之道？當我們必須快速恢復健康、沒時間生病，不正是因為臺灣工作職場不夠友善，才讓我們沒辦法好好在家休息或請假照顧生病的孩子嗎？

作者在書中娓娓道來北歐教育觀，也帶給臺灣家長與老師們許多啟示。給家長的第一課，就是作者在第三章〈上幼稚園〉提到的，「父母沒有必要過度放大自己和子女之間的連結」。挪威的小孩十個月就有資格申請公立幼兒園，瑞典市政府則有義務提供一歲以上的小孩托育照顧。這樣的福利制度一方面讓所有人可以兼顧工作與親職，另方面也認為接受托育照顧是兒童的基本權利。這也許和臺灣普遍認為「孩子要自己帶」的觀念大相逕庭，卻讓我們發現「易子而教」的眾多優點——包括孩子有機會和其他成人產生安全感的連帶，其依附對象就不會只有爸媽；而孩子在幼兒園裡有機會跟其他小朋友一起成長、學習分享，更是當前臺灣少子化的家庭難以提供的環境。

作者在第二幕談到的「幼稚園生活」，則挑戰了臺灣常聽到的「不要輸在起跑點」的迷思。因為如同作者提到的，「Just Play」是斯堪地那維亞國家幼教主流觀念，「『玩』是最好的學習」，可以讓孩子在玩樂中發展身心、自在做自己、學習與人互動、玩出興趣與創意。做父母的此時則要改變觀念、參與孩子的活動，並時時自我挑戰忍受孩子「髒」的程度，如此才能在孩子衣服、尿布裡發現一堆沙子、看到孩子髒兮兮的衣服與鞋子時，微笑地對孩子說：「今天玩得很開心吧？」而這樣自我挑戰的訓練也必須延伸到孩子學習自理生活的過程，包括大人要讓小小孩有一陣子「吃得到處都是」、願意等待孩子慢慢穿鞋、放手讓孩子把自己套進連身雪衣，而不是為求乾淨、求快而剝奪了孩子學習生活能力的機會。

在第三幕對挪威「基礎教育」的描述中，作者也讓臺灣的大人們有機會思考為什麼要學習、教育的目的是什麼。作者提到挪威小學的教育方針是「讓小孩子做他們感興趣的事」，在「不放棄任何一位學生」的原則下，原本在學校無可救藥的學生才有機會成為搖滾樂界的超級巨星。作者所說的「比起少數個人才華無從早一步展現，避免有人因為先天條件不足而遭體制淘汰，也許更是學校存在的目的」，正呼應了北歐社會民主國家所強調的「平等」精神。也就是說，教育是為了弭平社會差距，而不是擴大社會的不平等。反觀臺灣「升學主義至上」的教育，讓學校變成只適合少數五%在課業有所成就的孩子，卻讓大多數的小孩在學習過程中發現自己的「失敗」。而教育資源的不平均，也讓中上階級家庭的孩子有機會上較多資源的公立大學，卻讓中下階級家庭的孩子必須背負學貸、就讀少有國家資源補助的私立大專院校，使得教育非但無法弭平社會差距，反而擴大了階級不平等與城鄉差距。

而且仔細思考臺灣教育中所謂的佼佼者，也不見得就是所謂的成功者。當我在大學教書時，常發現即便是過關斬將得以一路挺進頂尖大學的學生，在課堂裡也是一副百般無奈、了無學習興趣的樣子。就算未來前途一片光明，但許多人也不知道工作的意義是什麼。這些年輕人從小在別人的期望中長大，很少問自己「要什麼」。但奧斯陸明星大學的校訓揭示：「讀書的目的不是為了學校，而是為了豐富自己的生活。」而挪威高中老師更是如此告訴學生：「請務必找出一個會讓你每天都期待去上班的職業。那麼，你想做什麼，都好。」作者對挪威教育精神的紀錄，是否能讓臺灣的大人們重新思考，如果我們自己從小到大都在應付別人眼光、應付學校、應付老闆，我們要如何改變自己，乃至創造出不一樣的教育與社會環境，讓我們的孩子一輩子都樂在學習、樂在工作？

本書最後，作者引用挪威高中老師的話：「老師從來不需要認為自己是學生唯一的知識來源。老師的作用，不過是刺激學生思考，引發他們自我學習的欲望。」臺灣有些老師已經開始跳脫標準答案式的教學與評量，也有不少老師在課堂中和學生討論課綱的爭議、不同的社會議題。如果你身為老師，不妨細讀此書，你會在作者分享的豐富教學例子中找到更多靈感。

作者在本書中一再揭示北歐孩子學什麼，像是「玩」、「獨立生活能力與手作能力」、

「獨立思考與創意」，以及在國家「兒童至上」及「平等」的理念下，學會「做自己」、「為自己負責」及「與他人及自然和諧共生」。只有如此，整個社會才會因公民有內化的道德感，行所當行，而展現出對不同族裔、自然萬物與環境的尊重。雖然北歐社會也在變動，不時也出現新的社會問題，但正如作者提到「沒有所謂的完美父母」一樣，這世界也不存在絕對完美的社會。在整本書中，我看到一位參與育兒的父親對自己及女兒的期許，字裡行間充滿著對女兒滿滿的愛。然而，本書不僅於此。如同作者在序言所說，他的所思所寫是在抒發個人浪漫的想像，是在為自己國家注入美好願景。我也相信這本書，可以藉由他山之石，勾勒出對臺灣更完美社會的想像。

（本文作者為瑞典隆德大學社會學博士、《臺灣女生瑞典樂活》作者）

推薦序／

從北歐經驗看臺灣另類教育

• 陳佩英

教育是一個社會共同智慧的傳承與再生。社會共同的信念、權力結構以及資源分配中所有可見與不可見的規則，也透過教育傳承下去。因此，教育和經濟、社會、文化密不可分。我們如果只從單一面向去瞭解一個國家的教育，不但不容易窺其全貌，更難以模仿或學習。因此，本書作者李濠仲先生所書寫的親身體驗，是瞭解挪威教育難得的視角。他從迎接女兒娜拉誕生開始，展開一段深度教養、教育和文化學習之旅。濠仲觀察挪威社會的細膩視角，記錄了挪威兒童從出生到十五歲成年的社會化過程。在這之中，我們也可以看到作者面對臺灣與挪威文化衝突時，深刻的反身性思考。

挪威文化面對大自然的試煉，發展出一套尊重自然和取之有道的共處方式。在這套生存脈絡和文明所提煉的教養文化中，自然與人是重要的資產。在兒童的社會教育中，我們可以看到挪威重視獨立自主的能力、愛好自然、含蓄內斂、包容異己與平等尊重的價值。「兒童至上」的態度不只存在於家庭、幼稚園、學校而已，醫院、圖書館、民間企業甚至是公務機關，皆重視兒童的照顧與關懷。只要和孩童相關的責任，皆可當作正當理由優先考量。挪威以兒童為先的人才培育價值，除了體現在慢學、適性發展和生活能力養成的教育過程上，也反映在公眾對兒童的包容與尊重，以及父母、老師對家庭教育的重視態度。

挪威的教育和鄰國的芬蘭不相上下，都帶有濃厚的人文主義、尊重與師法自然的涵養，少了功利與競爭的氣息，多了以人為目的、自由選擇、相互包容和集體責任的教育哲理和實踐。戰後臺灣的教育和對下一代的涵養，基本上則是依附或臣服在政治和經濟功能。戒嚴時期的臺灣教育完全操控在政府手中，官方以思想灌輸加上升學競爭的制度設計，助長了服從威權和功利至上的價值運作邏輯，至今仍未能完全轉變。

從教育中看見「人」，並以此為教育目的，這個理念遲至解嚴後才有契機和空間在臺灣落地生根。由中產階級家長、學者和教育工作者發起的民間興學和四一〇教育改革運動，開始挑戰和反思政治威權和升學窄門帶給下一代與社會健康的負面影響。「烏來種籽學苑」、人本教育基金會支持的「森林小學」是最早的兩所實驗學校，後來接續出現的尚有「雅歌小學」、「全人實驗中小學」、宜蘭公辦民營的「慈心華德福中小學」和「人文國中小」等等。這些新興理念或另類教育的學校，在政治自由化之後有了萌芽和扎根的機會，並得到民間和政府部分的支持。

臺灣早期的另類教育實踐主要有兩個來源，一是廣義的人文主義哲學傳統，一是德國史坦納（Steiner）的人智學（anthroposophy）。前者以種籽親子學苑、森林小學和全人實驗中小學為主，這些學校皆以自由和獨立做為教育實踐的核心，將個體的潛質發展當作最重要的教育學實踐之目的。九〇年代初期，臺大數學系黃武雄教授著述的人本教育哲學《童年與解放》，其思想就是源自西方存在主義和人文主義。《童年與解放》以個體和集體間的關係為經，以自然和人文的文明傳承與創生為緯，劃出下一代教育的範疇和實踐目的。新教育提供哲學和教育學的基礎，並以人為目的，讓學校教育的想像有了新的土壤可以播種。

人智學則主要發展成華德福教育。人智學也是尊重個體自然的發展階段，並依據不同階段給予不同的學習材料和發展方式。慢學和美學構成學習節奏、四季文化與節慶活動納入學習內容，學生是在關懷與友善的環境中，探索由人智學引導和勾勒出的學習旅程。孩童內在工作是教學的挑戰，因為每個學生的需求和傾向皆不同，如何引導和成全學生的潛質發展是華德福教育最重要的任務。

另類教育經歷二十多年的發展，雖然支持的人數和學校皆有所增長，但實踐之路荊棘滿布，也因此讓主流大眾為之卻步，尤其似乎無法允諾孩童未來的競爭力。然而隨著大環境的改變，知識經濟讓因應代工經濟的人才培訓顯露窘態，強調創新和彈性的人力發展成為顯學，只講求考試與升學的學校教育面臨改革的需求。為了突破僵滯的教育體系，臺灣於二〇一四年十一月立法院三讀通過實踐教育三法，除了打開另類或理念教育的辦學空間，地方政府藉由教育創新政策，也可以鼓勵小型公立學校展開多元價值的教育實驗。過去二十多年的另類教育實踐經驗，或許可以提供公私立學校從一元升學競爭的功績主義，轉向多一些人文關懷、重視學生個體潛質培養的路徑選擇。雖然不論在教育理念、課程內容、師資、教學方法等皆需重新學習和調適，且新教育是否能夠持續發展並得以扎根，家長對於孩童的教育觀也是重要支持力量。

從十八世紀普魯士開辦國民義務教育以來，世界各國紛紛取經並以國民教育做為富國強兵的基礎工程，相互模仿、學習和借用是學校教育從一開始就有的特性，至今仍然是如此。另一方面，公共教育從最初被設定的國家目標綑綁，似乎難以擺脫政治和經濟的依附關係，只是程度有所差別而已。還原教育先為個體再為社會整體服務的目的，主要藏於各國的另類教育學校發展，也因此這些理念學校難以成為顯學或者成為主流價值擁護的公共教育。然而小眾處境的理念學校反而因此保有自由度和實驗性質，可以滋養和孕育新時代所需要的教育學內涵和方法，為公共教育提供改變的可能性。學校教育的實驗其實也是社會實驗，這些實驗使多元價值具體化為生活方式的選擇，並從下一代的成長歷程中注入新的理念元素和文化因子。多樣性和回歸教育目的是另類教育對於臺灣社會未來發展的潛在貢獻。

臺灣的多元人才培養是刻不容緩，公立學校的教育創新和實驗會是下一階段重要的試煉，雖然教育體制、結構、運作邏輯仍然有許多需要調整和翻新，困境與挑戰比想像的還要難以克服，不過，教育有其繼往開來的公共價值與目的，會驅使不同世代透過跨界學習、參照他國經驗，廣泛地參與和慎思溝通，我們還是可以期待看見教育的曙光來臨。

北歐是另類教育和理念學校的搖籃，可以做為他國借鏡和學習的對象。芬蘭和挪威選擇以人為目的，而非工具取向的教育觀，似乎也反映出挪威社會強調溝通與協調的運作邏輯。然而「人本」和「尊重」的教育觀，是否就能讓北歐下一代得以處理變化快速的世界所帶來的衝擊？這也是臺灣民眾借鏡他國經驗常常提出的疑問。不過，每個時代和社會都有需要面對的困境與挑戰，端賴那個社會面對快速變化的集體學習力之強弱與調適之快慢，或是否能夠選擇共同面對和共同扛起責任。賦能與當責的心智習性是面對變動的實作能力，需要透過學習旅程中進行摸索、聯想、分析、歸納、轉化、協作和創新逐步養成。

這本書的作者讓我們再次看見不同教育與文化的旅行和遭逢的實例。全球化下的移動讓不同國度之間的個體有了新的相遇和轉化的機會。透過作者異地的生活點滴，我們彷彿看見文化不再是局限於靜態的時空，而是動態的碰撞和流轉。原本我們認為理所當然的文化信念和規範在此衝擊、交會下，拆解成一組可供學習的工具和符號。在文化差異所撐開的空間裡，我們得以進行摸索和體驗，也展開了多文化學習與共創的可能。

（本文作者為臺灣師範大學教育學系副教授）

序言／學習當個「挪威父親」

這些年來，我每每被昔日同儕投以羨慕眼光，認為我機運不凡，不僅避開家鄉惱人的嘈雜和喧囂，還能讓自己置身斯堪地那維亞此一人間淨土，享受其間的恬淡和閒適。更何況它還是個充滿童話想像的北歐。儘管如此，奧斯陸流寓歲月開頭那幾年，滋味倒也未盡甘甜，偶爾還有些苦澀，縱然我沒有善感的思鄉情緒，有時仍抑止不了因為異國文化帶來的疏離感。

某種程度而言，很長一段時間挪威對我就像個謎一樣的世界，初期面對一套全新的生存規則，有時甚至會掉入不知如何和與挪威人相處的窘境。挪威社會深受「楊特法則」（Jante Law）的影響*，它那不嗜競爭的社會氛圍，儘管阻卻了個人博取榮耀的企圖心，仍無損他們積極進取追求自我滿足；看似人人獨善其身恣肆享樂主義，群我之間濟弱扶傾的例子卻又俯拾皆是；此地居民對造訪遊客從不吝於表現自己的親切和熱忱，面對拿著市區地圖比手畫腳、摸不著頭緒的外地人，他們就是沒辦法視而不見，但偏偏挪威人

* 首次出現於挪威作家桑德摩斯（Aksel Sandemose）的小說《難民迷影》（*En flyktning krysser sitt spor,* 1933）。是指斯堪地那維亞的集體社群多以負面刻劃與批評個人成功與成就，認為強調個人的成功是不足取也不恰當的。楊特法則確實曾經深深影響挪威社會，且有正面意義。但時至今日，挪威人對楊特法則的認知已有不同，甚至認為它太過壓抑了人性中的企圖心。雖然挪威人承認文化上長期受到楊特法則的影響，但其實很少人再奉為圭臬。近年來多有文章主張挪威應該拋開楊特法則的掌控，讓挪威人能自在地追求卓越。

又是屬於地球上最難深交的一群。挪威（人）有時真讓人猜不透。

不過，話說回來，臺灣的朋友還是沒有高估我的際遇，回顧鮮事一籮筐的挪威經驗，終究令人回味無窮。幸賴我駐留當地的時間夠長，讓我得以用六年的光陰，慢慢拼湊眼前這幅費解凌亂的拼圖，直到它的樣貌輪廓漸行完整，原來那正是許多人夢寐以求的理想國世界。然而「最適合人居住國家」之名，通常不適用於初來乍到之人，漫長嚴峻的寒冬和當地人我關係淡然冷漠的詭異氣氛，如同在警告生人勿近；有趣的是，在歷經不斷的衝突、妥協之後，我反而認為它確實不愧「最適合人居住國家」的頭銜。

我曾多次試圖以親身經驗、歷史切面乃至解析挪威人的生活哲學，去自我詮釋一個理想國度潛在的元素。之所以多是被一個國家人民的生活小節所吸引，理由無非這些行為模式經常包覆著高雅文明的養分。於是，表面上微不足道的一切便顯彌足珍貴。我由衷期盼，在這

每個人都有為自己國家注入美好願景的權力，我的方式就是透過描述挪威抒發個人想像。

趟漫漫旅程結束之前，能找到家鄉和這座遙遠王國間任何可能的接點，藉由這些接點，讓我即便離開挪威，仍能找到和挪威一樣美好的生活。如果說，人人都有為自己國家注入美好願景的權利，那麼，我的方式當是透過描述挪威抒發個人浪漫的想像。

二〇一三年夏至，我的思緒突然被拉到一個以往未曾探索的領域。娜拉以出其不意的方式，提前兩個星期闖入我和妻子原本一成不變的生活。女兒的不按牌理出牌，預告了我們往後的日子將會是場艱辛的考驗。我們對育兒瑣事一無所知，尤其我太太和初生嬰兒親近相處的記憶，幾乎要回推到她三歲孩提時期（照顧她的弟弟）。我自己的姪女、外甥女如今也都是十來歲的小學生，我們完全忘了該怎麼和一個軟趴趴的小傢伙共處一室，就如同我們早已遺忘個人也曾有過那個階段。

初期，和多數喜獲麟兒的父母反應相同，我們以一種滿心雀躍摻雜著恐慌的心情，手足無措地四處張羅她的衣服、奶瓶、嬰兒推車和嬰兒床（如今看來，當時無頭蒼蠅式地疲於奔命不乏多餘）。只是，就算這些裝備物資在很短的時間內就齊全完備，我們後續還是被攪和得天翻地覆。從照顧娜拉的細節點滴，到揣測一個成天只會蠕蠕而動小生物的情緒反應，每個環節幾乎都是在一頭霧水下發生和完結。由於缺乏足夠育兒常識，身邊也沒有長輩可供諮詢，我們宛如被迫在素淨的畫紙上，憑空勾勒一組複雜的建築藍圖，但天曉得要從何下筆。

所幸，讓一切看起來不至於太糟的是，娜拉選擇出生在一個經常將報紙頭版版面讓給親職新聞的王國，意味我們不難找到在地專家或者可靠的育兒寶典求助。「兒童是立國之本」自然不是挪威官方政令宣導的浮誇口號，從女兒出生的那一刻起，我隱然瞥見了通往這謎樣王國，一條從沒涉足過的渠道。引人好奇之處，在當地人用以建構美好家園所需的材料，說不定就深藏其中。隨著娜拉加入這段異鄉旅程的行列，一面新鏡像因而浮現在我眼前，投射出來的，便是另一張更具挪威風格的面容——教育。

挪威人遂順理成章，成了我學習當爸爸的活教材。

當娜拉自挪威國家醫院（Rikshospitalet）呱呱墜地的一刻，代表接下來從我口中說出的「下一代」，已不再只是個抽象概念，哪怕非得模仿一名父親，我也必須盡可能掌握具體方案。挪威人遂順理成章，成了我就地取經的活教材。我如何培養娜拉勇於追求自我？訓練她獨立思考，無懼表達個人主張、意見？在獲致人生成就和滿足的同時，又能慷慨地犧牲個人享受，避免過度消耗周遭資源且唯我獨尊？挪威是一個將「個人領域」

和「公共領域」雜揉得恰到好處的社會，根據過往累積的經驗教訓，我想，他們在教育（養）這方面必然也有些獨到之處。

挪威教育體系未臻完美，甚或優劣參半，直到今天，連他們自己都還在不斷嘗試修正進化。然而，過程中某種屬於北歐特有風格的學習方式，或許可資琢磨，乃至值得我們亦步亦趨，畢竟挪威人的群體性格多由此而生。假如我們欽羨眼前挪威社會的平和穩定、自在從容，難道不會想追溯他們成長的源頭一探究竟。雖然娜拉經常把我和她媽媽折騰得疲累不堪，若說這段時間我們得以一窺挪威人性格養成之堂奧，則多虧有她為我們引航帶路。

我必須誠實地說，我既非教育家，當父親的資歷又還太淺，評析推介挪威人的教育制度，未免火候不足，但這本來就不是我哄娜拉入睡後，拖著厚重眼皮記錄為文的用意。我純粹只是想藉由周遭的見聞，試著讓自己學習當個「挪威父親」，同時暗自思量著如果娜拉成年之前是在當地成長，完全遵照當地人的遊戲規則，對她日後的人格、品性又會產生什麼樣的影響？

養兒育女方法萬千，娜拉身為長女，本應獲得「照書養」的待遇，繞了一圈，結果我卻偷懶地依樣畫葫蘆，乾脆以挪威人為師。無論如何，期盼將來娜拉願意如我一般，空出自己心識的某個角落，准予一位「挪威人」寓居於內。成長之路難免磕磕絆絆，有朝一日，還將勞煩這位挪威人協助解決一些人生麻煩，最好他還能時不時從旁提醒，引導我那古靈精怪的小女兒，樂於扮演美好社會其中的一分子，就像這些年我所認識的許多挪威人一樣。

希望這回依然不只是部趕時髦的異國風情作品，在觀摩他人教育（養）方式的同時，我們說不定也有機會藉由它，去填補自己過往青春生涯的一些缺口，畢竟自我教育和教育子女，同樣饒富意義。

第一幕

新　生

趕鴨子上架　克里特島　上幼稚園　急診室常客

1. 趕鴨子上架

按照挪威人的育兒觀念，所有小孩在有辦法獨立行動與生活之前，都需要父母的照顧和支持。對父母和子女來說，同為一段漫長的學習之旅，且打從子女出生那一刻就開始進行。

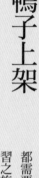

體重，二千六百八十六公克，身長，四十八公分，頭圍，三十三公分。助產士將一張填上娜拉出生紀錄的粉紅色小卡片交給我們，卡片製作非常簡易粗糙，就像幼稚園程度的勞作；但畢竟那是她來到這世界的首份紀念品，做為人生起點，它仍有保存價值。

歷經六個多小時的陣痛，葛羅莉亞終於順利產下一名女嬰。當她得知娜拉現身後的第一個反應是，「她怎麼沒哭？」十九世紀歐洲人對外殖民統治時代，帶回了一則遙遠的傳說，記述古老爪哇人認為嬰兒離開母體哭個不停，很可能是發現眼前的世界其實一點也不舒服，進而想鑽回媽媽的肚子裡。我們無從得知娜拉當時靜默無聲的意義；不過，因為哭聲通常被用以判斷新生兒是否健康無礙，儘管娜拉緊接著便使勁地哀嚎起來，前後幾秒鐘的落差，還是讓我們一度感到不安。

對於是否要留在挪威生產，葛羅莉亞懷孕初期一直舉棋不定。稍早之前，曾耳聞幾位臺裔挪威太太不甚愉快的生產經驗，那是造成她心中迭有疑惑的起因。若是完全接受挪威醫療體系的生育安排，會不會是項冒險性的嘗試？

例如挪威醫生總是堅持己見，無視個別孕婦的孕期反應，也未考量亞洲人和歐洲人體質異同；非得情況迫在眉睫，才願意協助剖腹生產，在這種情況下母親通常已痛不欲生。產檢過程則去繁就簡，家庭醫師僅會在母親懷胎第十八週開始，直到數月後小孩出生的這段期間，為孕婦轉診至婦產科診所進行超音波檢查。那是母親經由電腦儀器觀察到自己胎兒的唯一機會。由於和印象中的產檢流程不盡相同，我們深怕得不到密集的檢查資訊，會徒增生產風險。娜拉露臉出世後有幾秒鐘處於鴉雀無聲狀態，使得葛羅莉亞一度以為自己當初做出了錯誤決定。

或許是第一胎的緣故，我們打從知道有她的存在，生活就格外緊張兮兮。我尤其刻意避免觸及葛羅莉亞的腹部，嚴正提醒她走路小心，最好換掉幾雙不切實際的高跟鞋。當然，把情緒已然不太穩定的孕婦當作小孩子般糾正提醒，換來的即是雙方數不清的口角。很多時候，當初次懷孕的葛羅莉亞也處於精神緊繃狀態時，擦槍走火的爭執也就在所難免。

葛羅莉亞總是時時刻刻掛念著肚子裡的娜拉，擔心她心跳是否正常？每週身形有沒有依照標準成長變化？胎兒營養攝取是否充足？胎位是否正確？有無臍帶纏繞跡象？若不能透過儀器確保娜拉健康無虞，她幾乎沒辦法心安入睡。為此，我們經常主動要求家庭醫師，縱使不能每個月替我們安排超音波檢查，或者至少可借用診所裡的胎兒心跳聽測器，讓我們每隔一段時間就能隔著肚皮聆聽她「咻咻咻」的心跳聲。

開頭那幾個月，適逢挪威冬季，室外滿布著白雪，少數人行步道上還結了冰霜，對孕婦來說，簡直處處危機。我們不得不提高警覺，提防發生任何閃失，以免釀成大錯。此外，我們把所有關於懷孕生產的疑惑，一股腦全數搬往家庭醫師的診間。比方說孕婦需不需要運動？該做什麼樣的運動？能不能提重物？坐能坐多久？站能站多久？該補充什麼營養品？懷孕五個月適不適合搭飛機短途出差（當時葛羅莉亞剛好遇上出差任務）？該採什麼樣的睡姿才不會壓迫到肚子裡的小孩？咖啡還能照喝嗎？什麼能吃？什麼不能吃？比起初來乍到這人生地不熟的國度，迎接新生命到來，我們益發不知所措。

偶爾，我們會不自覺將過往熟知的民間迷信也端上檯面和家醫討論。例如家中此時能不能釘釘子、敲榔頭，或者真的不宜搬動床鋪、調整家具位置？每一回我們約好家醫，都會隨身攜帶千奇百怪的問題登門請教。有些顧忌確實必須得到專業建議，有些則不乏多慮無知。直到有一回，耐性十足的家醫終於忍不住對著葛羅莉亞說：「聽好，記住了，妳只是懷孕，不是生病。別去想那些奇奇怪怪的問題了。」言下之意，應該是要我們適可而止，不要再杞人憂天。為了確保懷孕過程萬無一失，加上兩人無法克制地窮緊張，初期的喜悅之情，後來的確有些變調。

於是，我們重新調整腳步，試圖放鬆心情面對懷孕過程中難以避免的不安。葛羅莉亞這個時候的孕期已邁入第六個月。出門環顧周遭，我們發現路上其他挪威孕婦並不特別掩飾自己的大腹便便，少有人會以寬鬆的洋裝刻意遮蓋圓滾滾的肚子。她們穿著輕便，凸著肚子照樣逛街、買菜，在泥濘的雪地上健步如飛，又或者寫意豪邁地坐在露天咖啡館，迎著冬雪和友人談笑風生。即使搭公車，也不會有人刻意起身讓座給她們。在挪威，推著嬰兒車上街，也許偶爾能得到旁人出手相援，當地人對待孕婦，多半視其一如常人。

葛羅莉亞決定起而效尤，除了未仿效挪威人不加掩飾自己日益渾厚的腹部外，她已漸漸擺脫驚弓之鳥的日子。至於我，多數時間愛莫能助，只能遵照挪威醫師指示，「別給孕婦幼兒般無微不至的照護。」

預產期日益逼近，我們被轉介至奧斯陸弗格納區（Frogner）的衛生中心，那裡有專業的助產士提供我們進一步的諮詢。助產士制度（Jordmor）在挪威行之有年，在一

在挪威，推著嬰兒車上街，偶爾也許會能到旁人出手相援，當地人對待孕婦，多半視其一如常人。

挪威孕婦並不特別掩飾自己的大腹便便，少有人會以寬鬆的洋裝刻意遮蓋圓滾滾的肚子。

個不習慣由祖父母插手親職工作的社會，助產士的作用，就是讓我們這類對新生兒一無所知的父母不至於感到徬徨無助。她們的工作還包括徒手按壓孕婦肚皮檢查胎位，以及確認媽媽是否即將臨盆。同時不光為了關照孕婦的生理反應，最主要還得協助母親營造平靜的心情。當時助產士提醒葛羅莉亞隨時都有可能破水，事後果不其然，娜拉在葛羅莉亞離開衛生中心後的隔週就提早報到。

負責協助葛羅莉亞生產的挪威國家醫院，位在奧斯陸北區的一座小山丘上。報載挪威王室的小公主英格麗・亞麗珊卓（Princess Ingrid Alexandra）也是在這間醫院誕生。過去十個月來成天忐忑不安的我，某種程度竟將這則消息當作醫院的醫療品質保證。

待在產房，葛羅莉亞正和產前陣痛搏鬥著，偏偏「父親」一職尚無用武之地。但回顧這一路以來「挪威式」的懷孕過程，其實已在訓練我如何迎接一個全然陌生的生命——既然生育是人類世界的常態，那麼挪威家醫、助產士始終淡然處之，舉國不予孕婦特別待遇的方式，倒也就不必大驚小怪。我很慶幸挪威醫療體系自始至終都把我們當作一般的挪威父母，我們才得以一步步篩除掉無謂的焦慮和緊張。風險也許依然存在，但卻不應該過度干擾即將為人父母者的日常生活。

沒有人可以真正掌握媽媽肚裡胎兒的實際感受，我們也早就遺忘了自己初生為人時的經驗。所有人都是如此，最多是以一種人性本能的直覺和反應，去想像、揣測一個新生命的喜怒哀樂和任何可能的不舒服、不愉快。儘管無法確切理解小生命的內在世界，可能讓準父母略感不安，但挪威人認為「天性」終將協助小孩適應自己生處的環境。那麼，又何須過分依賴儀器、偏方、藥物乃至風俗迷信。

不可否認，歐洲人的確有其先天體能優勢，即便挺著大肚子，也甚少造成當地婦女行動上的負擔，旁人自然不需要給予太多關愛眼神。無形中，這其實有助於新手父母以平常心面對新生。孕婦不會因為被當作「弱勢」而處處受到禮遇，以為挺著肚子必然危機重重，平白替自己增添額外的心理壓力。

娜拉當然是我們的掌上明珠，我們很難不對她視若珍寶。但也該明白，我們其實沒有理由期待周遭所有人，如同我們一般看待葛羅莉亞肚子裡的孩子。對娜拉來說，日後這或許不是件壞事。

直到今天，挪威人仍可選擇在家生產。＊有些人相信熟悉的環境，可以大幅減輕孕婦的壓力。我們並沒有這麼做。只是，比起想像中冷冰冰的手術檯，挪威國家醫院的產房環境，其實也與自家住宅臥室沒有太大差別。葛羅莉亞躺在床上氣喘吁吁，我輕撫著她冒汗的額頭，助產士最終順利將娜拉拖出，伴隨遲來的哭聲，我們家從此多了一名新成員。這才發現，挪威式簡易的生產流程，從頭到尾亦不見醫生出馬，那意謂生產過程一切順利，母子均安。在挪威接生小孩，是助產士、護士和父母彼此共同的任務，醫生

＊ **在家生產**｜挪威醫院會派出接生婆到家中幫忙接生，主要因為自宅是孕婦最熟悉的環境，比較不會受到醫院氣氛感染而過分緊張、焦慮。甚或有人選擇在家中浴缸生產（孕婦半身浸在水中），似是有減緩疼痛的效果。專業的接生婆會隨侍在側，提供專業意見，然而所有過程皆著重於人類（母親）的自然生育本能。

右：娜拉出生的挪威國家醫院（Rikshospitalet）
左：挪威生小孩大多是助產士、護士和父母彼此共同的任務，並不一定需要醫生。

只有在萬不得已下，如難產、需要開刀或注射無痛分娩時才會登場。極其有幸，當時娜拉完全不需要醫生幫忙。

渾身皺巴巴、稍事清潔後身上還帶著些血漬的娜拉，很快就被交到葛羅莉亞手上。這光溜溜的小生物，本能地瑟縮在母親胸前，護士依照院方傳統，送來兩杯金黃色、汽泡正ㄘㄘ作響的蘋果汽水，附帶一面挪威小國旗，祝賀大功告成，並囑咐葛羅莉亞自行盥洗沐浴後，就可轉至恢復室。

這下又犯了我們認知中的產後大忌。首先，汽水是冰的。其次，產後洗頭、洗澡，在我們家鄉，這樣的行為似乎並不受到鼓勵。但在挪威，生完小孩就如同打掃完家裡的庭院，只要洗個澡、睡個覺，彷彿一切就又重新步上軌道。產婦在醫院恢復室短暫住宿三天，院方會藉此觀察新生兒的健康狀況。對父母來說，那三天不僅未被奉為上賓，還像是參加了新手父母的特別訓練營。

就在我們剛從人仰馬翻的情境下逐漸回神之際，院方隨即派出另一組護士，每隔三小時就把睡眼惺忪的我們從床上挖起，囑咐並教導葛羅莉亞正確的哺乳方式，同時為我示範如何替眼前軟綿綿的小嬰兒洗澡、包尿片和更衣。在我看來，挪威護士對待新生兒的手法未免太過粗魯。洗澡是用恢復室裡的洗手槽，她們抓著嬰兒沖洗的過程，根本和沖刷杯子的手法不相上下。更衣、換尿布的動作，兼雜著拉、翻、抓、扯，我們幾度為娜拉捏把冷汗。直到出院前，我們已被訓練不下數十回，也終於理解，技巧熟練後，確實毋須把小嬰兒當成吹彈可破的易碎品。

三天的恢復室生活中，我們分分秒秒都處於被護士趕鴨子上架的狀況。他們讓一對原本毫無頭緒的新手父母，在最短的時間內，硬著頭皮習得打理小孩的一切，以確保我們離開醫院後，不會茫茫然不知所措。當然，這三天娜拉都睡在葛羅莉亞身邊，母子隔離的「育嬰室」，早在本世紀初就從挪威徹底消失。全面推行「母嬰同室」的目的，正是為了讓我們這類新手父母及早熟悉育兒瑣務。在那七十二小時中，我們的確苦不堪言，媽媽尤其疲累不堪，多數時候我們皆處於束手無策的狀態，頻頻拉鈴請求護士前來協助。幸好挪威「母嬰同室」的制度已相當成熟，經驗豐富的護士們輪番上陣，有效地將我們從手忙腳亂的狀況中解救出來。事後回憶，葛羅莉亞和我若非一夕之間、幾乎被以速成班的方式學習照護新生兒，縮短了日後自我摸索的時間，接下來出院後，辛苦的可能就是娜拉了。

至今我對其中一名護士嚴厲的面容仍舊記憶猶新。當我和葛羅莉亞在恢復室裡，昏昏沉沉地望著彼此，心滿意足地陶醉在初為人父、人母的情緒當下，這名護士突然推門而入，迅速料理了娜拉的睡床，旋即像是託付重任地把小孩推到我們手上，以不帶同情的口吻對我們說：「從現在開始，你們不要以為生下小孩就可以休息、鬆懈、去度假了，直到她十五歲之前（為何是十五歲，容後再敘），你們會有忙不完的事。」丟下這句話她即轉身離開。

挪威有良善的育兒福利，新生兒不僅享有出生補助和每月生活津貼*，醫療就診費用也全數由國家埋單。但這個國家也要求父母絕對的責任。挪威父母親力親為養育工作，在優渥的社會福利下，他們未必比其他國家的父母輕鬆省事，甚至投入更為徹底。

這是娜拉和我們共同經歷「挪威化」的第一步。按照挪威人的育兒觀念，所有小孩在有辦法獨立行動與生活之前，都需要父母的照顧和支持。對父母和子女來說，同為一段漫長的學習之旅，且打從子女出生那一刻就開始進行。也許過程中，我們會因為子女的病痛、沒緣由的哭鬧和無法講道理，而產生超乎預期的沮喪感，但若非參與甚深，我

* **挪威的育兒津貼**｜每名新生兒所獲得的出生補助，以娜拉出生當年匯率計算，折合臺幣約十五萬元。出生後第一個月起，每月領取的育兒津貼約臺幣四千五百元；一歲起，每月補助增至三萬元，直到滿兩歲止。

們又如何探究自己是不是稱職的爸爸或媽媽？

選擇讓娜拉在挪威出生，其實也是給我們自己一個機會，不假他人之手參與她成長過程的所有變化。從咻咻的心跳聲，到第一次哭喊、第一次微笑、第一次揮舞著小手和我們指頭相碰，吃手指、腳趾，隨意把抓到手邊的東西塞入嘴中，甚至幾度疏忽大意讓她摔落床，藉由這些經驗累積，我們也發現了自己和娜拉之間有了更緊密的聯繫。只是，儘管我們熟知所有照護新生兒的原則和方法，我們還是認為撫育子女實在是件棘手困難之事。

自那年夏天起，因為照顧娜拉，葛羅莉亞和我再也沒有過一夜好眠。夜半時分，每每於心中吶喊著這一切到底什麼時候才會結束時，我會回想恢復室裡那位嚴厲、實則用心良苦的護士所說的話來激勵自己，幻想一旦在挪威成功伴隨女兒至十五歲，是否終將雨過天晴，且有機會為娜拉的人生帶來什麼樣意想不到的發展。

2. 克里特島

我們也許堅信為了子女，犧牲個人的聯誼社交和休閒活動，代表了一種無怨無尤的奉獻，但父母成天把自己和子女關在家裡，此類行為放之挪威社會，則被認為有礙彼此身心健康。

為了確保娜拉在飛機上有足夠的尿片替換，且不至於餓肚子，行前我們將所有塞得進「媽媽包」（diaper bag）的外出用品全數裝入，包括一壺煮沸過、準備沖泡奶粉的熱水，以及兩瓶裝滿開水的奶瓶和她的專用水杯。此外，登機箱裡，另有三分之二的空間被她個人換洗衣物占據，折疊式嬰兒車則已事先掛牌託運。我們實在難以想像，一個未滿週歲的小傢伙參與三天兩夜旅行，竟需要如此費事。

依據機場法規，嬰兒用水雖然可隨身攜帶上飛機，但必須在機場安檢門前接受檢查，歐洲多數機場皆有液體測試設備，確定不具危險性後即可放行（僅適用嬰兒用水）。偶爾遇上機器故障，安檢人員會改為要求我們讓娜拉當場親嚐兩口，以確保我們沒有心懷不軌。乍聽之下，似乎有些苛刻，話說回來，這倒也是直接證實眼前幾瓶水安全無虞的有效方法。

自從有了娜拉，出門旅行便不再只有放鬆與享樂。為了她，我們得學會見機行事，隨時調整規畫中的行程，又或者備妥腹案。拎著一頭不受控制的小野獸接受安檢，經常讓我們得多幾分鐘，也使我們必須預留更多時間應變。除此之外，最常發生的是，為了尋找適合餵食她的餐廳，結果捨棄了沿途不少知名景點。在娜拉出生之前，我和葛羅莉亞外出旅遊時，只有在兩腿發痠才願意折返飯店休息，如今尚得顧及娜拉的生理時鐘。於是，就算是計劃良久的地中海之旅，每天晚上我們也只能七點準時回房哄女兒入睡。

我相信很多父母會因為平白多出許多繁重的嬰兒照護工作，而對外出過夜的旅行打退堂鼓。尤其小孩們總是會挑大人最無能為力的一刻拋出難題，比方說在找不著公共廁所的大街上拉得自己一身大便。與其老是敗興而歸，理智上多半會告訴自己不如一開始就打消全家出遊的念頭。

二〇一四年春天，趁著航空公司恰好有便宜機票出售，我和葛羅莉亞決定犒賞自己近一年來為娜拉付出的辛勞，全家一起出遊希臘南方的克里特島（Kreta）。當時娜拉剛滿十一個月，我們自認對她的日常瑣務已駕輕就熟，更何況半年多前，我也曾單槍匹馬

每回出遊，為了尋找適合餵食娜拉的餐廳，結果只好捨棄沿途不少知名景點。

帶著娜拉搭乘長途飛機橫跨歐亞。那次經驗雖然稱不上有趣，卻也沒有讓我從此視之為畏途。奧斯陸前往克里特島僅需五小時，應該不是什麼難事才對。

我和葛羅莉亞滿心期待瀏覽著網路上關於克里特島的旅遊簡介，先一步神遊島上哈尼亞城（Hania）一處帶有威尼斯色彩的港灣，不時幻想著荷馬史詩關於克里特島的神話場景。島上古老的神殿、房屋和雕塑遺跡殘留至今，進一步增益我們的歐洲見聞。儘管預計停留的時間有限，出發前仍興奮不已，彷彿要展開二度蜜月。我們完全沒料到一旁正呼呼大睡的拖油瓶，會為這段旅程增添那麼多意外驚喜。

事後翻閱為這趟短期旅行所拍下的留念照片，克里特島果真不虛此行。南歐綺麗多變的人文景致，和北歐寒帶地區的清冷蕭瑟大異其趣。地中海悠悠海風、煦煦溫情，讓久居斯堪地那維亞，幾乎忘卻白浪、沙灘的我們宛若重溫故里。尤其島上留有諸多歷史線索的斷垣殘壁，別具引人冥思的破敗感。因著地利之便，五個小時的飛機航程，便把我們從北歐文明拖入一條古希臘的時光隧道。

當然，深刻烙印在我們腦海裡的，不會只有甜美的一面。拜娜拉同遊之賜，我們在飛機上為她不按牌理的急奔亂竄，頻頻向同機旅客致歉。一時疏忽，未注意機艙內的壓力變化，順手轉開奶瓶蓋，從奶嘴口噴出的一道水柱，居然直接濺撒在前方座位的老太太身上。第一天晚上，娜拉早早耐不住性子，我們被迫狼吞虎嚥結束一頓道地的地中海風味晚餐，連飯後甜點都免了。旅館房間望向海濱的窗臺，幾天下來，永遠掛滿娜拉一路不斷換洗的衣褲和圍兜。花花綠綠的小衫，比起門前旗桿上的萬國旗毫不遜色。早餐時刻，香味四溢的咖啡上桌，我們正喝著咖啡、眺望遠方海天一色而面露滿足之際，原本熟睡中的娜拉就會挑準這個時機頓然躍起。緊接而來，就是一陣咿咿呀呀、忽上忽下的瞎攪和。

在上百張克里特島之旅的相片檔案中，有張是娜拉狀似累癱了趴在餐廳桌上的獨照，也許這趟旅行，對她來說也不見得是件輕鬆的差事。以她的年紀，任何美景佳餚應該都還不足以構成任何意義。她之所以有時會呵呵笑個不停，純粹是被我和葛羅莉亞刻

上：帶著娜拉一起搭飛機，有許多意想不到的挑戰。

下：娜拉狀似累癱了趴在餐廳桌上，也許這趟旅行，對她來說也不見得是件輕鬆的差事。

意逗樂。她當然完全沒有察覺幾天下來，她的父母因為嚴重睡眠不足而浮腫的眼袋，或者為了她不合時宜的哭鬧，幾度抱著她尷尬地迅速逃離現場。有些時候，比起眼前巍巍如斯的希臘神殿，我覺得能把父母整得七葷八素，娜拉似乎更加樂在其中。

離開恢復室時，娜拉的體重還不到三千克，身體輕巧到僅需空出我單隻手臂就可供其伏臥。為了這丁點大的小朋友，我們卻得大張旗鼓更動家中擺設，挪出嬰兒床的位置。娜拉膚質特別敏感，所以也得移走客廳地板上可能誘發她過敏的亞麻地毯，每週定期更換床單、被套，另外添購五斗櫃、尿布檯、嬰兒車和汽車安全座椅，收起客廳多餘的沙發座，並擺上一組搖籃。各方好友致贈的幼兒玩具突然堆得滿屋，先前清爽簡約的居家環境，竟搖身一變成了一間小型兒童樂園。

我們也重新組構了原有的生活節奏：告別巷口的法式咖啡館、犧牲夜晚睡眠、盡可能婉謝當地朋友邀約的飯局、不再奢求兩人世界的燭光晚餐，而路口那家電影院也變得愈來愈事不關己而近乎遙不可及。

我們身處奧斯陸市中心的精華地帶，有段時間卻恍如與世隔絕。我們把所有的精神和注意力都聚集在眼前的小生命身上，以一種夫妻相處多年，卻不曾給過彼此的耐心和包容力照顧娜拉。依照護理師的指示，為了讓娜拉體重趕上進度，滿月之前，我們皆維持著三小時一次的餵食頻率。日以繼夜，不知疲倦，加上新手父母生澀的養育技能，當時投入的心血，必然比事後回想有過之而無不及。

娜拉出生當天恰巧是那一年的夏至。挪威的夏天，就像是上帝的恩典，所有人都會趁著難能可貴的陽光，盡情投入戶外活動。我們為了親職工作卻只能埋頭苦幹、鎮日與娜拉為伍，這小女孩已在不知不覺間徹底吞噬了我們的分分秒秒。數月後的克里特島之行，可以說就是針對當時的恍然大悟而來。

挪威父母照顧子女不假他人之手，是當地社會的常態；不過，像我們這般一舉壓縮自我的生活方式，其實很少見。地方衛生中心負責追蹤娜拉成長紀錄的護理人員，多次鼓勵我們常帶娜拉出門走走。我們或多或少受困於起初幾個月大的嬰兒，究竟適不適合步出室外的心理障礙，一直未付諸實行。

我們也許堅信為了子女，犧牲個人的聯誼社交和休閒活動，代表一種無怨無尤的奉獻，但父母成天把自己和子女關在家裡，此類行為放之挪威社會，則被認為有礙彼此身心健康。這說明了挪威街上何以隨處可見父母推著嬰兒車出門散步的畫面。家中的新成員也許拖累了日常的腳步，但挪威父母可未曾想過接下來就得過著深居簡出的生活。

公園裡躺在嬰兒車裡的嬰兒有些尚未滿月，待小孩稍大一點，家長還可能更換單手駕馭、專為慢跑用的嬰兒推車上街。又或者在胸前繫上嬰兒背帶，讓子女吊掛在父母的胸膛，一起步出家門認識外面的世界。挪威人酷愛野外活動，於是很多家長便十分擅長將數月大的子女扛在肩上橫越山林。

不過，我相信挪威人帶著嬰兒旅遊，不光是考量小孩的需求，背後的用意和動機，應該是為了要盡可能保留原本的生活步調。好讓新生命出現後，家長除了換尿布、洗奶瓶、餵母乳這類益發索然無味的例行公事，也能夠有休閒生活。這同時是一種雙向適應的過程，父母為了遷就小孩，生活習慣必然得改變。但小嬰兒其實也有基本的學習能力，可以自我調整並適應與大人的互動。

當地嬰兒用品店裡，除了琳琅滿目的小鞋子、小衣服、小外套，

右：挪威父母會自我訓練在任何情況下都有能偕同子女出遊的能力

左：許多挪威父母把騎腳踏車載小孩出門，當做一種個人體能訓練。

我們其實發現另有不少親子共用的專業登山、健行裝備。儘管有些確實是為了應付子女稍大之後的外出用具，但自小孩出生的那一刻起，無從將小孩託付他人的挪威父母，為了讓自己有機會抽離無日無夜的親職工作，多半會發展出在任何情況下都能偕同子女一起出遊的能力。

為了不辜負稍縱即逝的挪威夏天，在娜拉滿月後，焦頭爛額的我們開始大膽地仿效挪威人的育兒模式。每天午後氣溫稍涼時刻，就會推著她出門兜風。剛開始的確有些惴惴不安，擔心住家附近的石磚路是否過於顛簸、幼小的身軀能不能抵禦涼風吹襲、陽光會不會太過刺眼，再加上路上人車熙來攘往，難保造成她內心莫名恐懼。直到發現周遭其實也有為數不少年齡相仿的嬰兒，才相信自己並非一對膽大妄為的父母。當然，藉由設計得當的嬰兒推車，和借助一些嬰兒外出的基本常識，我們的行為尚在合理範圍。

滿周歲後的娜拉，更加活潑好動，不但無懼於和陌生人接觸，投入新環境時也少有不安。我們無法確定，這是否和娜拉離開醫院恢復室後，便經常在外拋頭露面有關，或許這個階段的小孩多數反應正是如此。我們隱約發現，儘管過去這段時間我們可謂朝夕與共，但也許是受到好奇心的驅策，娜拉其實並不特別黏著父母。或許這對她未來獨立性格的養成，會是有意義的開始。

趁著暑假，家人千里迢迢遠赴挪威和我們團聚。在一趟經典的峽灣之旅中，娜拉又一次和我同行。途中為了照顧娜拉，我像隻八爪章魚般地忙進忙出、顧上顧下。再加上這段旅程需搭乘火車、轉坐巴士再接駁渡輪，為了不減損家人的遊興，我甚少勞煩他們協助照料娜拉。不過，也確實沒那個必要。有先前十多個月的親職訓練，我並不覺得娜拉讓我此行格外操勞。我依然享受了一段絕世美景盛宴，隨著一列火車飛馳穿梭在巧奪天工的林間山谷，我亦感值回票價。

爾後，我們儘管沒有刻意安排娜拉和我們一起出遊，但也不會將這件事當作一件避之唯恐不及的任務。或許，我應該慶幸她是在挪威出生，讓我有機會師法挪威人，不必因為子女的出生就被迫失去原有的生活。儘管她日日夜夜和我們緊密相依，但舉凡應有的娛樂、休閒和旅遊，我們仍適時地維持其

右：我並不覺得娜拉讓我的峽灣之行格外操勞，我依然享受了一段絕世美景盛宴，隨著一列火車飛馳穿梭在巧奪天工的林間山谷。

左：深刻烙印在我們腦海裡的，不會只有克里特島這甜美的一面。

頻率，所以到頭來其實也沒有錯過太多。

偶然機會，我讀到一段已故法國人類學大師李維史陀寫下的文字，他說：「社會生活是外加於人的一種不停周遊，而家庭生活則不外是人有需要在十字路口放慢腳步和歇一歇的表現。但歸根究柢，他得到的命令是繼續前進。」當時我曾被這段文字所吸引，如今雖然還是不敢確定大師這句話背後真正蘊藏的內涵；但娜拉出生後，這段話之於我，已足具深意。我相信「繼續前進」的意思，不會只是鼓勵我們帶著小孩繼續遊山玩水這麼簡單。

日後待娜拉長大成人，而我和葛羅莉亞雙雙呈老態龍鍾之時，應該也不願見到她因為顧慮我們人老力衰，框架住自己可能的行動範圍，不自覺局限了可貴人生的視野。她本應盡情追求自我，豐厚自己的羽翼。當年我們一起四海周遊，不過視她為同行伴侶，終究沒有受她拖累。而她也將憑藉自己的本事，朝更多我們未曾造訪的地方飛去。我們得到的指令，都會是「繼續前進」。

3. 上幼稚園

嬰兒時期安全感的營造，並非僅能從父母方面產生，而是經由多方管道逐步建構而來。

娜拉的年紀會不會太小？我們甚至還沒教會她任何事情。直到現在，她每頓飯仍舊吃得一塌糊塗，也得全天候包著尿片，更無法根據情境判斷當下的危險性。她曾三次摔下床，走路時也常因腳步不穩，動輒跌得鼻青臉腫。有時她會在餐桌下調皮搗蛋、四處亂竄，幾度撞出滿頭包。還曾鑽進滾筒式洗衣機，把媽媽的牙刷丟入馬桶，搗亂衣櫃，吸吮黏著汙垢的鞋帶。她總趁我們不留神時，機靈攀爬上家中壁爐，搞得全身灰頭土臉，滿屋子都是她的黑色小手印。十多個月來，娜拉無時無刻不為這個家製造驚喜。以她這難以受控制的年紀，貿然將其送往幼稚園，適合嗎？

我和葛羅莉亞望著在客廳沙發爬上爬下的娜拉。儘管我們知道挪威小孩的常態教育，是在一歲左右就開始接觸幼稚園裡的群體生活，但還是無法斷然做出決定。我們住家附近至少有五所以上的幼稚園可供申請，我們一一詳閱了網站上它們提供的環境介紹、師資組成和園區教學內容。簡介條理分明，我和葛羅莉亞的腦筋卻仍舊一片空白，始終拿不定主意。

一來，我們無法得知這些幼稚園是否如同自我標榜的那般美好。更讓人躊躇不前的是，誰能預知眼前那個小傢伙白天時間一旦投入陌生環境，在缺乏父母陪伴下，她將搖身一變成為什麼模樣？是讓園區老師頭痛不已？或者因此害怕得每天晚上睡覺都會做噩夢？

挪威父母很早就把小孩送往幼稚園，之後夫妻雙雙重返職場，從此過著每天接送小孩上下學的生活。

挪威父母總計享有四十九週的育兒假，意謂家長可輪流在家照料小孩直到子女滿週歲左右。✲但接下來就得面臨何處托嬰的問題。通常這個時候，尚在牙牙學語且剛開始學步的幼兒，便會被送往住家附近的幼稚園待上一整天。爾後夫妻雙雙重返職場，從此過著每天接送小孩上下學的生活。

事實上不用等到小孩滿週歲，依據挪威幼教法規，新生兒十個月大起即有資格申請進入公立幼稚園。挪威少有「價格合宜」的保姆，很少家庭會願意負擔遠超過就讀幼稚園所需支付的費用。加以祖父母輩甚少插手隔代教養的雜務瑣事，爺爺、奶奶頂多願意在週末假日撥出空閒陪陪孫子。因此，由政府出面扮演代理父母的角色，廣設幼稚園，讓十個月大的小孩於日間得到妥善的照顧，在小家庭居多的挪威社會，確實能解決現實的托嬰問題。

根據我們理解的，多數挪威幼稚園都能維持良好

✲ 原本挪威育兒假為四十七週，其中母親有三十五週、父親十二週。在二〇一三年七月一日的立法修正中將父親的育兒假延長至十四週，總計享有四十九週的育兒假。

的師生比例，通常一名專職老師或者照護員只需負責照顧四名三歲以下的學生。一個班級人數極少會超過十五人。小班制除了是讓每一個小朋友都能分享到更多的教學資源之外，主要用意還包括不希望那些成天和小孩共處的老師們身心過度疲累，影響照護品質。

老師們在幼童人數合理分配的情況下，也能有充裕的時間和精神悉心照料每個孩子。實際的情況則是，在挪威無為而治、活潑開明的師生互動模式下，老師們會領著嘰嘰喳喳的小蘿蔔頭在教室外東奔西跑，恣意在園區裡玩耍娛樂。他們反而不若想像中緊迫盯人，對每位小朋友寸步不離。幼稚園老師更像是動物園的管理員，只要眼前沒有發生危險的可能，其餘便任君自由發揮。

至於娜拉，以她的年紀，還需要大人幫忙清理大小便，我們從不冀望老師們會如我和葛羅莉亞一般勤奮地替她更換尿片。尤其餵食三餐過程，娜拉從小就讓人頭痛不已，配合度非常差，我們經常被她吃東西特有的拗脾氣惹得火冒三

挪威幼稚園多數都能維持良好的師生比例，通常一名專職老師或者照護員只需負責照顧四名三歲以下學生。

丈。每餐用畢，餐桌有如颱風過境，還得替她收拾殘局。再怎麼視如己出、修養過人，我想也不該奢求挪威老師有超凡入聖的包容力和耐心。總之，我們相當懷疑娜拉在幼稚園裡能得到妥善的照料。或者，我們也深怕習慣不佳的她，只會為學校平添太多麻煩。

假若，再聽聞誰家小孩曾在幼稚園裡撿拾沙子、小石塊，隨手放入口中卻無人察覺。或者出門前一切如常，半天過後，竟是帶著莫名的累累傷痕回家。原本細嫩的臀部肌膚，因為尿布更換頻率太少而長滿疹子。諸如此類層出不窮的案例，幼稚園像是瞬間成了一座年久失修、危機四伏的遊樂場。光是想像娜拉可能得到的待遇，一股天下父母心的疼惜和不捨便油然而生。這使我們愈加舉棋不定，以為各家幼稚園在網站上對外宣傳的教學環境，會是華而不實的招生廣告說辭。

挪威小孩在幼稚園裡撿拾沙子、小石塊，隨手放入口中，是很稀鬆平常的事。

早期挪威的育兒觀念，也許與我們印象中的認知較為吻合。那個年代他們強調的是幼兒時期所需的安全感，不鼓勵父母太早將小孩推向自主獨立的環境。再加上當時認為一個小孩的性格養成，與嬰兒時期父母有沒有給予足夠的安全感息息相關。若小孩在週歲之前和父母分開過久，將會為他們帶來本可避免的焦慮和恐慌，甚至有礙他們日後人格、自尊的發展。因此，的確最好不要挑戰幼兒對安全感需求的必要性。

挪威國家嬰幼兒及孩童心理健康能力網絡組織（National Competence Network for infants and small children mental health）資深研究員史密斯（Lars Smith）便曾提出一份報告，當中記載了羅馬尼亞海外孤兒的身心發展狀況。一九八九年羅馬尼亞內亂動蕩之際，許多家庭為之破碎，國內出現大批孤兒，焦頭爛額的政府在提供照護資源上又無能為力，不少年紀還不到六個月大的嬰兒，紛紛被送往海外的西歐家庭寄宿。緊接著又有一批年紀稍長的孤兒被安置國外。根據研究人員事後調查，發現較早被送走的孤兒，長大後在個人情緒控制和自主管理能力上，表現皆略遜於稍晚被送走的孤兒。此即說明小孩離開父母懷抱的時間落差，和個人能力養成似乎有著因果關連。

新生兒往往自六個月大起，和父母之間的情感連結便開始出現具體意義，小孩尤其漸漸懂得依戀自己的父母。滿週歲之後，連結的質量將持續穩定增加。部分挪威幼教專家就是根據這份羅馬尼亞孤兒案例，呼籲家長不要讓自己子女太早投入一個缺少父母在場的陌生環境。因為對小孩來說，那並沒有任何正面幫助。

但晚近的一些辯論，社會主流聲音漸漸又傾向為：這種認為將年幼子女送往沒有父母隨侍在側的場域（前提為安全的地方，如幼稚園）會損及幼童安全感的想法，純粹是父母自己的臆想，以及因為沒有辦法親自照顧子女所衍生出的內疚和罪惡感作祟。實際情況是，嬰兒時期安全感的營造，並非僅能從父母方面產生，而是經由多方管道逐步建構而來。至少沒有任何科學診斷能夠證明，父母和子女朝夕相處，時時刻刻對著小孩親吻、擁抱，就能給予他們充分的勇氣和自信。幾年下來移居挪威的生活，我不難發現當地育兒專家多已採納新觀念，認為父母沒有必要過度放大自己和子女之間的連結。給予愛是應當的，無條件細心呵護是必然的，親力親為犧牲睡眠，投入絕大多數時間和精力於教養工作，也是出於天職和責任。然而父母有時保護小孩熱切過頭，圈限了他們的可能性，最終反而可能導致負面效果。太過

挪威父母相信，有時保護小孩熱切過頭，圈限了他們的可能性，最終反而可能導致負面效果。

強調小孩的安全感是由父母所賦予，過度干預的後果可能會抹煞掉小孩個人原有的氣質和個性。

實情也確實如此。經歷懷孕、生產以及前幾個月和新生兒之間的磨合期。我們不得不承認，通常情況下，葛羅莉亞和我以為必須給予小孩的安全感，是一種揣測、猜想後的反射行為，而非小孩真正處於什麼樣的危殆狀態。就像不少新手父母普遍把小孩當成是很脆弱的人類一樣，不自覺使得「安全感」的解釋變得狹隘，且缺乏實質作用。

我曾在挪威報上讀到一篇文章，頗具權威的挪威教育專家烏勒方（Stein Erik Ulvund）便嚴厲指責這一類認為子女安全感的塑造非自己不可的父母，是患了「從屬型歇斯底里症」（affiliation hysteria），雖然我不甚理解其症狀表徵，但我知道那絕對不會是讚美的詞彙。

也許是因為終於有了娜拉，我和葛羅莉亞極其珍視和她共處的分分秒秒，總覺得這不過數十公分大的小生命，少了我們相伴，會慌張得不知所措。每回我們推著她到衛生中心（Helsestasjonen）登記成長紀錄時，裡頭的護理人員偶爾會不經意地問我們：「娜拉開始上幼稚園了嗎？」「是不是已經自己睡一張床？如果能為她準備一間獨立房間，那就再好不過。」言談中，我們很清楚護士十分鼓勵我們即刻起就送娜拉上學，以及晚上睡覺時，不妨將娜拉放到她自己的房間裡。那時娜拉不過即將滿週歲。

好友之中，大衛是上了小學才隨父母從臺灣移民挪威的新住民二代。他個人挪威化的程度幾已深入骨髓，思維邏輯儼然徹頭徹尾被改造成挪威式的標準作業程序。當初他和太太雙雙請足了育兒假，親力親為料理兒子塞巴思汀週歲前的起居生活。期間全家曾一同旅行美國紐約、德國漢堡和返臺度假，並時不時遊歷挪威大小鄉鎮。塞巴思汀十個月左右如願申請進入幼稚園，由父母輪流接送。一歲開始就和父母分房睡。在我們思考究竟要不要為娜拉申請幼稚園時，塞巴思汀已是近五歲大的小男生。有回我到大衛家中做客，塞巴思汀邀請我和他一起堆組樂高積木。我藉機從旁觀察，想知道這位採取挪威教養方式長成的五歲男孩，他的行為舉止是否會有任何「異狀」。但後來我發現，除了我倆之間的語言溝通障礙，他仍和我玩得不亦樂乎，我並不覺得有哪裡出現反常。

雖然我的觀察不具兒童行為專家的眼光，但我也因此重新思考，在顧慮娜拉能否接受挪威人的幼兒教養方式時，是否也掉入唯有父母可給其安全感的迷思中。塞巴思汀十個月大就上幼稚園，大衛和太太的職場生活照舊如常。一歲起塞巴思汀夜夜獨室而眠，大衛夫妻每天也因此得以回復充足的體力。那正是我所希求的。鎮日為娜拉的一舉手一投足提心吊膽，對彼此而言，或多或少都造成了無謂的壓力和羈絆。她應當也有能力過得像個普通挪威小孩，畢竟只不過是送她去幼稚園，又不是送她上戰場。

小孩適應環境的天性能力，讓父母偶爾可以與他們暫時分離一陣子。而小孩也能在這段期間中學習變得更加堅強。

經由衛生中心專業幼教人員的說明，我們漸漸理解當娜拉發現父母不在身邊，有時會顯得侷促不安，這其實是任何接近一歲的小孩的正常反應。這個階段小孩對於父母的依賴開始出現清楚意識，但分離焦慮並不代表小孩就會失去安全感。只要有同等、能讓他覺得自在的人出現，他就不會感到害怕，例如幼稚園裡的老師。幼兒這方面能夠自我調適的天性能力，也讓父母偶爾可以與他們暫時分離一陣子。而小孩也能在這段期間中學習變得更加堅強。

我們填寫好娜拉的出生年月日、自家住址、父母姓名，挑選了幾間鄰近住家且各具特色的挪威幼稚園，隨後寄出申請信，接著滿心期待等候回音。我們總算卸除了小孩還小、不適合離開父母太久的心理障礙。而這很可能是她正式邁向挪威化的第一步。儘管第一次申請時因為各校學員人數已額滿而被打了回票，但至少已排上候補名單。

我們期待看著不過一歲多的娜拉，能在幼稚園的遊戲沙堆裡玩得渾身髒兮兮，卻沒有哭喊著要找爸爸媽媽，並且逐步建立起和父母之外的人際連結。對方也許是老師，也許是其他同樣年紀，或者年齡稍大的小朋友。於此同時，我們也終於著手準備清理閣樓，騰出一個小房間，裡頭將擺上一張娜拉專用的小床，單獨就寢即是下一階段的訓練。

我們愛她毋庸置疑，願意為她調整作息、犧牲睡眠，輕鬆自在的兩人世界不復以往也在所不惜。但我們也相信，她不會永遠非黏膩著我們不可。十個月大將她送往幼稚園，一歲起擁有自己的房間，無論對她還是對我們，應該都會是個有趣的嘗試。

③ ①
④ ②

4. 急診室常客

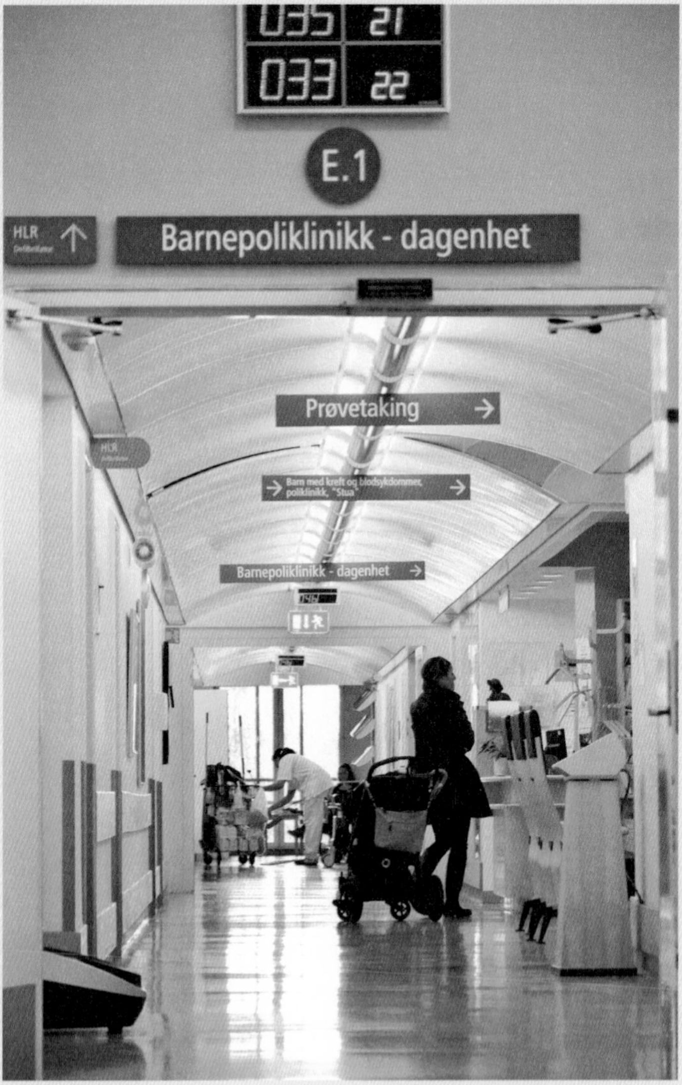

挪威人堅信小孩的免疫系統，必然會經過反覆生病、發燒的侵襲，自我培養抗體，那是成長過程必經之苦。

從宜蘭返回臺北的途中，我們遇上了尖峰車潮，眼前從雪山隧道一路回堵數公里長的車陣，讓我們深感焦躁不安。沿路車子幾乎都處在動彈不得的狀態，我們陷入進退兩難的窘境，卻又有立刻得趕回臺北的急迫性。

這是娜拉出生後我們全家第一次回臺灣，五個月大的她，也許經不起長途跋涉、舟車勞頓，頭兩天在我們拜訪親友時，便陸續出現異狀。她的眼眶周圍漸次泛紅，且變得格外虛弱疲累，完全不像之前在飛機上那般活蹦亂跳。如今只見她靜悄悄地倚靠在汽車安全座椅上，有氣無力地望著車窗外久未變化的景致，懨懨縮縮，既睏且倦，但又不哭、不鬧也不睡覺，間或流溢出濃稠的鼻水和發出幾聲乾咳。起初我們以為只是空氣、環境變化，導致小嬰兒身體適應不良，直到娜拉全身體溫高熱，才察覺是感冒症狀。

終於抵達臺北已是數小時之後，我們急奔醫院急診室，醫護人員依照標準診療程序，為娜拉秤體重、量體溫，同時抽血確認是否為病毒感染。接著由護士以針筒餵食了一劑退燒藥，離去前還領取了三日份的鼻炎藥水和咳嗽糖漿。我和葛羅莉亞原本一顆懸著的心才稍事平靜。過沒幾天，娜拉又再一次上演同樣的劇碼。兩星期後結束旅程，直到我們返抵奧斯陸，她的鼻子依舊掛著兩道鼻水。

平常為了料理這小傢伙的吃喝拉撒睡，我們已因個人經驗不足，焦頭爛額至幾度束手無策，感冒發燒時的娜拉，只是徒增旁人照護的困難。醫生開藥治療，也許有效減輕她不舒服的感覺，但身為父母，我們的心情始終隨著她時而緩降、時而增高的體溫而七上八下。

出生之後，我們一直擔心娜拉體質欠佳，二千六百多克的體重，得急起直追才能達到同年齡小孩的平均值。斤斤計較新生兒的體重，有時不光只是為了滿足父母日夜餵養的成就感，它還有科學上健康指標的衡量依據。過去五個多月來，參酌世界衛生組織制定的幼兒成長曲線表，娜拉總是落在中間值之下的紅黃線間，曲線甚至一度下滑，幾乎讓人一籌莫展。結果汲汲營營為娜拉增重不成，我和葛羅莉亞倒是又掉了幾公斤。

不過，體重偏輕的問題，也許尚不足以讓我們驚慌失措。回溯娜拉剛出生的時刻，我和葛羅莉亞就被真正嚇壞過一回。住在恢復室期間，醫院依例安排了一項例行檢測，以確認新生兒的聽力是否正常。我記得那天是由一位年紀稍長的護士為娜拉進行測試，她一邊嚼著口香糖，同時技巧熟練地操作儀器，未有任何反抗能力的娜拉只

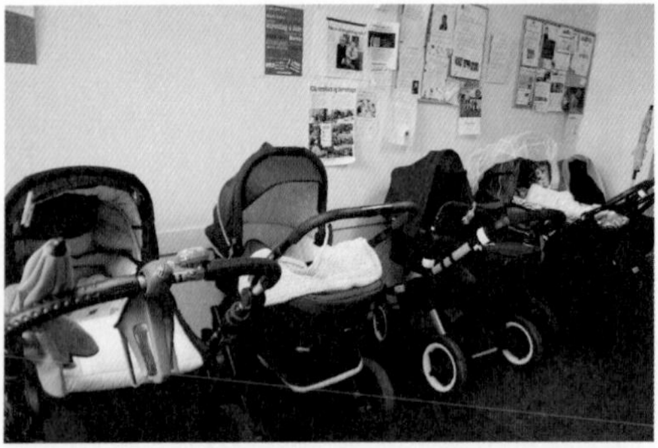

衛生中心門外經常停靠一整排嬰兒車。在娜拉出生初期，我們每個月都要到地區衛生中心量測她的生長狀況。

能任憑擺布。我和葛羅莉亞完全沒有料想到，恢復室經過幾分鐘的靜默之後，耳邊聽到的第一句話竟是：「嗯，測不到聽覺反應。」對照護士一副若無其事、無傷大雅的模樣，我和葛羅莉亞則是為之瞠目結舌，簡直快當場暈厥。

住在我們家隔壁，年約一歲的奧斯蒂就是個先天聽障兒。雖然她的身形外貌和一般挪威小孩沒有任何差別，且食慾奇佳，甚至長得比同年齡小孩都來得高壯，但是她耳朵和頭部兩側得全天候掛著助聽器。她不能選擇附近的普通幼稚園就讀，得到特殊學校，由特教老師負責引導她在聽覺失調的情況下，學習口語表達（聽力直接影響幼兒口語能力），又或者必須兼以專業手勢，協助她逐一辨識旁人的訊息。

奧斯蒂的媽媽是位律師，爸爸在軟體公司任職，他們一家屬於標準良好經濟條件的挪威家庭。但有很長一段時間我們不難發覺奧斯蒂的父母成天悶悶不樂，和鄰居互動冷淡，偶爾和我們在家門口擦身而過，他們的回應通常只是點頭示意後就閃身步入家門，甚少留下片刻，讓我們有機會逗弄一下鑲著兩顆碧綠色眼珠的奧斯蒂。事後我們得知，奧斯蒂的媽媽有陣子甚至還得求助東方針灸療法，以改善照顧女兒以至憂鬱難眠的問題。

當護士告訴我們，儀器測不到娜拉的聽覺反應時，我們完全不敢置信，立刻要求她換個機器重新檢查一次。隔天她允諾照辦，結果還是讓我們失望不已。我想我或許可以理解奧斯蒂的母親過去這一年多來，為什麼儘管不是全無笑容，態度亦尚稱和藹可親，但臉部肌肉線條總透著一股淺淺的憂愁。又為什麼奧斯蒂的爸爸直到奧斯蒂滿三歲的生日，才首次邀請我們去參加他女兒的生日派對。儘管兩家大門相距不到三公尺，過去大半年我們幾乎可謂老死不相往來。唯有戴著助聽器的奧斯蒂逐漸能像其他小孩一般和旁人互動，她的爸爸才終於敞開心胸結交我們這家新朋友。

他們當初應該也如我和葛羅莉亞一般受到沉重打擊吧。聽覺障礙程度雖然有高有低，但無論情節輕重，這些小孩未來的學習過程，勢必要比常人面對更多挑戰。尤其成長路上，他們得接受許多因為聽覺受阻，而必須額外加強的語言和理解能力訓練。將比擁有正常聽力的小孩，多繞幾條辛苦路。除此種種，所有新生兒為一個家庭帶來的每一件麻煩事，身為他們的父母也全都免除不了。雙重負擔下，我相信少有父母能輕鬆以對、應付自如。

父母把小孩視為不堪一擊的脆弱個體，這種心態或許不甚健康，但身為家長，當發現初生嬰兒有任何不尋常時，應該都很難抑止內心的難過和緊張。尤其很多先天缺陷，不會只是一時一刻的麻煩，它很可能糾纏自己的小孩直到終老。幾分鐘聽力測試得出的結果，我和葛羅莉亞除了面面相覷外，還一路遙想至娜拉往後數十年可能的處境。

所幸，一個月後的複診，證實娜拉當時耳朵裡只是被母親的羊水暫時堵塞。待娜拉稍大之後，即使只是細小的關門聲，都能輕易驚醒熟睡中的她。這或許又是另一種困擾，但我們當然寧可她以此折騰我們。那一段產後之初的插曲，是我們第一次體會到父母對子女的健康無能為力時，原來是如此讓人沮喪。

往後每天接受我們按表操課的餵食計畫，娜拉儘管體重成長幅度有限，總算日漸長大。衛生中心的護士安慰我們，只要娜拉的日常作息、活動力沒有問題，哪怕體重增加遲緩，也毋須太在意了。只是，平靜無波的太平日子並沒有持續多久。五個月大開始，娜拉便十分容易感冒、發燒、流鼻涕。一旦喉嚨發炎，便是整夜咳個不停。流鼻水的問題更加惱人，躺臥時倒流的鼻水經常將她嗆醒，結果就是一陣淒慘哭嚎；又或者我們當時並不知道她也可能是腸胃不舒服，所以在床上翻來覆去，以致全家大小通通徹夜難眠。

有段時間，為了舒緩娜拉感冒不適，我們三天兩頭就往當地連鎖藥局跑。

小孩因為身體不適而淚汪汪的雙眼，比起世界上任何一種威權命令，都教父母折服。每回她生病感冒，我們總是依循那次回臺灣的經驗立即送醫，為其預約家庭醫師。若是半夜出了狀況，得起身火速打點娜拉的外出隨身用品，驅車至最近的急診室求助。但幾次經驗下來，我們卻得到和在臺灣完全不一樣的待遇。挪威醫生慢條斯理簡單問診，量過體溫後，永遠只給我們一個答案：「都是正常現象，回家讓小孩多休息就好。」

我們也曾在家庭醫師的診間讓娜拉接受抽血測試，就算確定是某個病毒引起的感冒，家醫只會淡淡地告訴我們，挪威沒有對抗這類病毒的藥品，只能靠小孩自己產生抗體克服病痛。醫生當然還是會提醒我們注意小孩的變化和反應，但除非發燒超過三十九度，且連續高燒超過三天以上，再請我們為她安排複診。同樣的情形，也發生在急診室裡。好幾回，我們風馳電卷地將半夜裡又是咳嗽、又是鼻涕倒流、又是嘔吐的娜拉送至夜間急診室。但無論在候診區等待多久，我們皆是無功而返。沒有任何咳嗽糖漿、鼻炎藥水或是退燒藥，我們經常一臉狐疑地空手而回，心想事情真有「幾天後就會自然痊癒」這麼簡單？

「正常現象」、「沒什麼大問題」、「沒必要吃藥」、「過一些時間自己就會好」。有兩三個月的時間，為了娜拉，我們來來回回奔波診所、急診室不下數回，一來懊惱自己沒有把她照顧得完好健康，二來對挪威醫師消極治療的態度則略有不諒解。以為成為「常客」之後，他們至少會對娜拉的病情多一分重視。但話說回來，挪威醫師確實對待任何新生兒皆一視同仁，只有在極少數的特殊情況下，才會開藥給幼兒服用。比方說友人兩歲大的小孩在幼稚園感染了會令人上吐下瀉的諾羅病毒（Norovirus），醫生便未置之不理，立刻開出適量抗生素應急。

挪威人堅信小孩的免疫系統，必然會經過反覆生病、發燒的侵襲，自我培養抗體，那是成長過程必經之苦。所獲得的報償，就是免疫力日益提升，且比任何暫時減緩不適的藥物，在對付未來的感冒時更為徹底有效。日後，娜拉縱然還是偶爾會流鼻水或咳嗽，但恢復期好在一天比一天縮短。挪威醫院節制用藥，除了避免醫療資源浪費外，同時也是在幫助一名新生兒，透過自己身體的抵禦功能和外在環境周旋。

任何久居挪威的小孩，這樣的歷程經驗似乎被認為有其必要。五個月大的娜拉第一次受到病毒攻擊，開始出現感冒、發燒、流鼻涕的現象，而後漸行培養自己的抵抗力。如此一來，十個月大起申請幼稚園，在她和其他小孩近距離接觸前，說不定已可帶著某種程度的保護機制上場，足以抵禦幼稚園裡新一波的病菌威脅。

無庸置疑，所有送小孩上幼稚園的父母，頭一年皆是心力交瘁，三天兩頭就得陪著小孩和病魔一起奮戰，這是挪威政府給予父母一年十二天家庭照護假的原因（父母雙方育有一名十二歲以下的兒童，一年可有十二天照護假，兩個以上小孩，照護假最多增至三十天）。假如在此之前，小孩的抵抗力愈好，則上學的日子就愈輕鬆，父母也可不用動輒請假在家照料病童。挪威醫師當時堅持不開藥給娜拉服用，其實有其長遠的思慮。

娜拉疑似聽力障礙這件事，到頭來幸好只是虛驚一場。經常夜奔急診室的經驗，也在她九個多月大時告停。娜拉其實未必如此體弱多病，又或者是我們太習慣生病就該吃藥打針的邏輯。直到拜挪威經驗之賜，才因為當地醫療觀念有別而被迫改變觀念。要挪威醫師為你小孩寫下處方箋，就算是拿著槍抵住他的頭，對方也不太願意照辦。的確，明明多喝開水、多休息就可恢復元氣的生理機制，又何須過多化學藥方介入，平白減損了小小人類本有的自我復原本能。

此外，衛生中心的護士在得知我們這對窮緊張的父母經常替娜拉掛號急診時，考量我們的身心狀況，便善意提醒我們：育兒雜務在所難免，如果疲憊至難以樣樣兼顧，那就由它去吧。言下之意，養兒育女畢竟沒有標準答案，但首要工作是，父母總得先妥善照顧好自己。

在挪威成長，小孩培養自我抵抗力是很重要的事。

第二幕

幼稚園生活

Just Play！ 餐風露宿 參與式學習 生日禮物 No Photo！

5.
Just Play !

當小孩只專注於眼前的玩樂時，往往會不由自主展現出個人的獨特意志，並且無所設限、自在地將它表達出來，這是日後個人創造力的泉源。

娜拉出生之後，我和葛羅莉亞在當地的社交網絡起了一些微妙變化。我們還是偶爾會和之前的老朋友交誼聚會，地點可能是某位友人的單身公寓、阿克爾碼頭（Aker Brygge）沿路任一家時髦酒吧、卡爾約翰大道（Karl Johans Gate Street）上的星期五餐廳、索里區（Solli）遠近馳名的壽司店，又或者國會大廈（Stortinget）旁物美價廉的丹麥牛排館。但因為現在無論到哪裡娜拉皆緊緊相隨，我們多數時候會因顧及這位大小姐久坐不耐、頻頻發出尖銳的叫聲而提早離席。

如今，位在奧斯陸城東，山坡上一間大型的兒童室內遊樂場，可能更讓我們感到自在沒有負擔。娜拉可以在裡頭盡情奔跑、鬼吼鬼叫。現場完善的安全設施，讓我們成天緊繃的防心大為鬆懈，我們甚至可以坐在數公尺外的沙發區觀顧娜拉，不必再全程緊迫盯人。

除此之外，我們推著嬰兒車出沒公園的頻率愈來愈高，在湖畔、溪邊逗留的時間也愈來愈久。友人間聚會的性質逐步移轉至彼此小孩的慶生派對。桌上的葡萄酒換成了薑汁汽水，五分熟的牛排則被熱狗麵包取代。收起銀製的刀叉，轉而拿出五顏六色的塑膠叉子和湯匙。過往綾羅綢緞的賓客，也改為穿上牛仔褲、球鞋和樣式素樸的襯衫、T恤，以契合眼前滿室氣球和彩帶營造出的童稚氣氛。

娜拉當然最樂在其中，她終於不必再試圖從餐廳裡的兒童座椅上掙脫，也唯有在這些專為小孩設置的空間環境，她毋須忍受一對緊張兮兮的父母老是跟在自己屁股後頭，並在她滿場渾然忘我的當下出聲制止她「時機錯誤」的玩耍舉動。

要求她像個紳士、淑女般，端坐在餐廳裡陪大人靜靜用餐，對這年紀的小孩來說，也確實太過為難。她需要的只有玩耍、遊戲。又或者所謂的「玩耍」、「遊戲」，僅僅是根據成人行為模式而做出的定義，她可能正藉由強烈的好奇心，在探索眼前仍舊一知半解的世界。她在遊樂園裡喜歡到處亂摸亂碰，爬上爬下，和在餐廳裡的舉止如出一轍。她的行為未必有明顯對錯之別，而是取決於當時環境的限制程度而已。

九〇年代，挪威教育專家開始研究玩耍（遊戲）和兒童身心發展的關連性，證實玩耍的過程，足以反映兒童的生理和心理健康。如果小孩總是正襟危坐、不苟言笑，反而顯示他的身心發展有些地方不太妙。尤其當小孩學會走路之後，代表著他們開始懂得利用不同角度認識世界。表現於外，就是到處亂跑，並以此和其他人建立更多元的互動關係。同時透過站、坐、走動，控制自己前往某個地方或停留在某處。他們益加懂得尋找玩伴，個人經驗變得豐富而多變。外在環境在他們眼裡總是充滿新鮮感，除了玩具可吸引其目光外，幾乎凡事都能讓他們產生高度興趣。這也是為什麼有些小孩會不願意安分地待在父母為他準備的「安全遊戲區」裡。

妮可的大女兒索菲亞在娜拉出生那年，是個正準備從幼稚園邁入小學階段的小女孩。那回我們邀請妮可一家到家中做客，以回敬他們將索菲亞嬰兒時期成箱的衣物轉贈給娜拉。來自臺灣的妮可，起初對索菲亞即將上小學，卻還不識得幾個挪威字有些憂心。尤其已然是個五歲大的小朋友，幼稚園老師交給索菲亞的家庭作業，竟然只是要求他們把圖畫紙上的兩片葉子著滿顏色。比方說大片的葉子塗成紅色，小片的葉子塗綠色。「這會不會太簡單了呀，老師？」妮可當時忍不住問了老師這個問題。畢竟在臺灣，同年齡的小孩很可能已學會辨識不少中文和英文，或者能寫下一到一百的阿拉伯數字。

九〇年代，挪威教育專家開始研究玩耍和兒童身心發展的關連性，證實玩耍的過程，足以反映兒童的生理和心理健康。

幼稚園「玩太多」、「學太少」，一直是挪威外籍（裔）家庭對當地幼教環境的第一印象。當我們身歷其境，依照我的理解和認知，它的情況的確和傳言相去不遠。五歲上小學前，挪威小孩在幼稚園裡，簡直成天玩得不亦樂乎。校園裡到處都是遊樂設施，舉凡各式各樣的小火車、洋娃娃和一堆讓人摸不著頭緒的幼兒玩具。畫畫課通常是放牛吃草，任由拿不穩筆的小朋友們隨興發揮。偶爾應景學做萬聖節糕點或者簡易耶誕勞作。多數時間是大家一起唱歌、跳舞歡度一整天。

一旦天氣放晴，小孩們立刻被帶往室外的幼稚園遊戲區，隨其撒野似地追逐、跑跳，並來回穿梭在攀岩牆、鞦韆和溜滑梯之間。幾乎每間幼稚園室外都會有一座小沙堆，你能想像一個小孩在那能玩得有多髒就有多髒。當家長試著想瞭解為什麼自己小孩回家的模樣，總是衣服裡外渾身上下沾滿泥巴，脫下的鞋子還可倒出一把沙子時，幼稚園老師的答覆通常會是：「那表示他今天玩得非常開心。」

為了娜拉，我曾親自參訪一所奧斯陸市的幼稚園。園方老師帶著我參觀他們的教學環境。教室內，一名四歲大的小男生，獲准在洗手檯製作肥皂泡沫，有二十分鐘左右的時間，他徑自蹲坐在洗手檯前，口含吸管不斷間歇吐氣，將水槽內的泡泡愈吹愈多。完畢，再自行把水倒掉，這堂課便到此為止。其餘小朋友，有的在折紙飛機，有的在堆積木，有的在幫洋娃娃打理衣服。這就是挪威幼稚園裡不折不扣的重要「課程」。

右：當挪威小孩回家，衣服渾身上下沾滿泥巴，那表示他今天玩得非常開心。
左：一名四歲大的小男生，吹泡泡就是他的「課程」。

攤開幼稚園的「課表」，一般來說，上午九點到下午一點半，是多數幼稚園制定的「上課時間」。這段時間內，老師會和學生聊天、說故事，協助他們用餐以及睡午覺，或者讓他們留在室外自由活動。在正式上小學之前，挪威幼稚園其實並不會花心思「教育」挪威小朋友識字和算算數，這些幾乎全留待六歲上小學之後，才會開始學習。挪威是兒童的天堂，果真毋庸置疑，但我很難沒有「自己的小孩可能輸在起跑點」的疑慮。

儘管烤薑餅、做蛋糕，塗鴉著不明所以的繪畫，剪剪貼貼無濟於事的勞作，成天唱唱跳跳，拿出家庭旅遊合照和同學分享，是屬於這個年紀小孩專有的愉快經驗，但難道就不必抽出點時間學習識字，練習算數？此外，雙語教學不在此刻、更待何時？幼兒時期不正是大腦語言發展的黃金時期？鋼琴、小提琴等等個人音樂細胞的培養，不也應該及早啟動？每天將小孩送進幼稚園，其用意難道就只是為了任其玩得渾身是泥？

偏偏挪威人正是刻意如此。「Just Play」幾乎成了斯堪地那維亞國家幼教內容的主流觀念。但他們對「玩耍」或許另有認知。一如由四位挪威幼教專家（Hans Holter Solhjell, Amendoor As, Gro Nedberg Grønlid , Guri Bente Hårberg）合著的《玩耍對兒童的重要性》（*Why the play is important for children ?*）一書，便主張玩耍的意義，不僅在滿足兒童追求快樂的慾望，透過玩耍的過程，它可同時刺激兒童多方能力的發展，包括語言學習、社交技巧、情緒控制、自我認知、道德感和肢體健康。

當我踏進挪威幼稚園時，難免和妮可有著同樣的疑惑，為什麼小朋友成天都在玩？真正學到的東西會不會太少？當然，這樣的疑問立刻就遭幼稚園老師出言反駁。在挪威幼教體系中，他們是藉助玩耍的過程，幫助小孩培養自我創造力。例如小孩有段時間特別喜歡抛和丟擲東西，當他們這麼做時，就會得到「破掉」或「反彈」的結果，以此逐一建構個人的邏輯認知，並逐漸懂得將其運用在其他行為之中。老師們並非無所事事，重要的是給予學生機會去解決問題，同時從旁觀察這群小朋友是否在玩樂的同時，也漸漸學習到這個社會的運作規則。

此外，來自不同家庭、不同年紀的小孩，他們針對同樣一件玩具、遊樂設施，通常會有不一樣的對待方式。彼此玩在一起，可讓同一種遊戲產生截然不同的變化和效果。也有可能因為自己在過程中說了什麼、做了什麼，進而讓周遭同伴發出笑聲，乃至讓人哭泣或引人憤怒，於是他們必須彼此協調出新的遊戲規則，准予誰可以做什麼，不可以做什麼，以促使遊戲能夠繼續進行下去。到後來，他們會自己決定是要跟隨其他人的做法，還是要想辦法讓旁人照著自己的意思做。回家之後，他們還會把今天發生的連串經驗，以自己的認知理解轉述給父母聽。這就是發生在挪威幼稚園裡所謂的「學習」。

換句話說，「遊戲」、「玩耍」，在此地也是一種實驗。我站在幼稚園室外遊戲區一角，默默觀察小孩間的玩耍方式。儘管每一項遊樂設施都是大人為他們建置，但我發現，眼前這些橫衝直撞的小孩們使用這些遊樂設施時，未必是依循我預想的遊戲方式進行，也未必會遵照大人的期望做出反應。他們看來多是受個人「衝動」和「幼稚的想法」指揮、操控。我頻頻為他們極具創意的表現嘖嘖稱奇，一旁為我介紹環境的幼稚園老師則告訴我：「允許發展個人經驗，對這個年紀的小孩來說，確實相當重要。」

遊戲是小孩第一個體驗到的樂趣，也是他藉此抒發自由意志的機會。在一個強調獨立人格、個人創造力的社會，即是冀望透過具有學習效果的玩耍，誘引出小孩對於事物的主動性和自我操控的能力，或者從中認識必要的自我犧牲，例如心不甘情不願地和他人分享玩具。此外，挪威幼稚園裡教唱的挪威兒歌內容，也多和這個國家的自然環境息息相關。例如冬天老師會教唱形容冬雪的兒歌，夏天則教唱吟詠夏日的歌曲，他們由此發覺四季的變換。簡單的廚房手作，也不全然只是打發時間或純粹基於簡單的趣味。自己動手做點心、蛋糕，本來就是挪威式家庭生活重要的一環。他們在幼稚園裡接觸到的一切，其實都能和自己回家後的生活產生緊密連結。

挪威人並非只把幼稚園當作兒童的遊樂場，它也是小孩邁向社會化的第一道大門。只不過這個年紀的小孩並不會意識到自己當下從玩樂中「學」到了什麼，而是在不自覺的情況下自然「理解了某件事」。過度強調智識養成的大人們，或許很容易忽略這些成長中不易察覺的重要細節。

有一段時間，娜拉在公共場所的行為讓我們頗為頭痛，因為那絕對不是我們一般認知中的乖巧、懂事和聽話。正因為我們如此擔心，所以我們以為必須透過訓斥、教導去匡正、約束她的行為表現。但假如換個場景，比方說將同樣的行為表現移轉到挪威的幼稚園裡，她很可能在老師眼中成為一名求知欲旺盛的學習者。

挪威人將幼稚園裡的玩耍經驗，稱之為「Flyt」（自然流動的過程）。意即當小孩只專注於眼前的玩樂時，往往會不由自主展現出個人的獨特意志，並且無所設限、自在地將它表達出來，這是日後個人創造力的泉源。它的重要性，有時並不亞於挖掘小孩子的語言天賦或者音樂潛能。幼稚園裡的小朋友，一整天下來確實是玩樂多於學習，但他們從中得到的成長回饋，很可能已遠超乎我們表面所認知的遊戲本身。這是一個不在乎小孩起跑過慢的社會，但不表示他們會在終點前落後他人。走了挪威幼稚園一遭，我似乎意外抽中了一條得以循線探索北歐人為什麼深具創意的線頭。

挪威人將幼稚園裡的玩耍經驗，稱之為「Flyt」（自然流動過程）。

6. 餐風露宿

挪威人是把關於一個小孩可能接觸到的日常環境，都轉換成有意義的教學場所。「學習」這件事，就未必得局限在有牆、有門、有窗、有講臺的「教室」之內了。

艾蜜莉即將上小學了，意思是她將告別以「玩耍」為課程基礎的美好時光。我對挪威小孩的童年生活相當好奇，特別向艾蜜莉的媽媽借了幾片記錄這幾年艾蜜莉幼稚園生活的DVD以窺究竟。濃縮成兩小時的影片，剛好呈現出當地幼稚園最典型的一面。除了偶爾驚鴻一瞥的教室內鏡頭，絕大多數時間，艾蜜莉幼年教育的回憶都發生在戶外。

假如娜拉也是在這所幼稚園就讀，她將有機會選擇一週兩天或一週三天室外課的學習方式。又或者我們也很樂意讓她嘗試一週五天、無論晴雨皆待在室外的「全室外教學課程」(Naturbarnehage)。* 過程中，他們唯一接觸得到的室內建築，就是影片中座落於森林深處一間簡陋的木製小屋。只是它的作用主要為擺放野外教學工具，並非提供休憩。即使隆冬大雪，學員們也全留在戶外，家長唯一得配合的，就是為自己小孩準備好足夠應付當日天候變化的衣服。

透過影片中的畫面，我們看到艾蜜莉在老師帶領下，輕鬆自在拄著滑雪板行走在雪地上，還邊吃著自己剛烤好的熱狗。挪威小孩平均三歲左右開始接受滑雪訓練，在一個人生大半歲月都得與雪為伴的國度裡，滑雪必然得是基本生活技能，就像臨海而居者，多半能諳水性。

移居挪威的第二年，我終於強迫自己穿上滑雪板，克服長這麼大還要摔個四腳朝天的恐懼。在挪威友人耐心指導，以及無數次的人仰馬翻下，我那始終不聽使喚的雙腿

* 全室外教學課並不是一個法定的幼兒教學設計內容，而是由各幼稚園自己決定，有些幼稚園以此當作招生特色，但不是每間都如此。

才逐漸發揮作用。結束一整個冬天的特訓操練，如今總算具備一定程度的滑雪技能。當你開始懂得腳踩滑雪板，自在馳騁於雪白山間，將會對原本無聊乏味的冬季生活徹底改觀。

挪威小孩則是從小就當滑雪是家常便飯。幾年後我們告別挪威，臨行前，欲挑一件足可代表挪威意象的紀念品好供日後回憶。千挑萬選，最後帶回了一幅描繪穿著滑雪板的小嬰兒，躺在搖籃裡樂不可支的畫作。我和葛羅莉亞在店裡牆上瞧見它時，雙雙不禁莞爾一笑。畫裡搖籃下方同時寫著一行字「The Cradle of Ski-ing」（滑雪的搖籃；另有穿著滑雪板出生之意），挪威人確實有資格如此自喻。

在一個人生大半歲月都得與雪為伴的國度裡，挪威小孩有必要及早學會和雪當朋友。

那年我站在「特瑞芳」（Tryvann）滑雪場的練習斜坡上，屏氣凝神準備跨出我人生第一步時，一名挪威媽媽正好在我前方，以半鼓勵、半命令的方式，要求她三歲的女兒轉過身往下坡的終點衝下去。女兒嚎啕大哭不肯就範，最後媽媽硬是架著她一步步往下滑，無視女兒淒慘的哭叫聲迴盪整座山谷。幾次來回，接近傍晚時刻，這位小女生儼然駕輕就熟，再沒多久，她已渾然樂不思蜀。我卻仍舊掌握不住竅門，沿途不斷跌跌撞撞。挪威國家法令禁止家長對子女施予任何形式的體罰，但不表示他們不會嚴厲地教養自己的子女，尤其在傳授滑雪技巧這件事上，小孩一時的哭喊，從來不足以讓父母為之心軟。

艾蜜莉應該也有類似的經驗。但我相信，她最終會忘卻當初的眼淚，而只記得影片中自己漫步在雪地上，笑得合不攏嘴的一幕。當然，不只是滑雪，挪威的森林就像一座資源豐沛的大教室。挪威小孩有機會在森林裡學習如何烹煮食物，如何挑揀樹木枯枝當柴火；如何自己烤麵包；又或者老師還會教導他們辨識可食、不可食的野莓和野菇。許多自然界的常識和知識，便在日積月累的室外課實作中逐一堆疊而成。

透過ＤＶＤ畫面，我得以同步感受艾蜜莉多采多姿的童年。她小心翼翼、躡手躡腳地端詳樹上鳥巢裡一隻剛剛破殼而出的幼鳥；領略春夏秋冬四季轉變，原來整片樹林也會跟著替換顏色；又或者發現冬天因為冰雪而結凍的小草，觸感竟和夏天時相差許多；敏銳地察覺冬雪和春雪放入口中時味道各有不同。其中一段畫面讓我印象頗為深刻，艾蜜莉的老師要他們沿途撿拾粒狀乾硬的馴鹿糞便，再把這些彈珠般大小的馴鹿糞便，帶回小木屋拿細繩串起成為一條項鍊。挪威幼稚園的室外課，確實很少因為「骯髒」、「噁心」、「不衛生」等等因素限制小孩的想像空間。

為了讓凡事尚處於懵懂狀態的小孩能更清楚認識自己生長的環境，老師會刻意選在傾盆大雨的當下，要大家穿上雨衣，出門感受雨水打在臉上的滋味。即使有人調皮搗蛋，重重踩下坑坑窪窪的積水讓和著泥巴的水濺滿全身，也不會遭到制止或處罰。老師們的反應中，偶爾還略帶點鼓勵。隔年娜拉如願進入幼稚園後，最開心的就是下雨天到戶外踩水。尤有甚者，我們很自然會在冬天為自己小孩多添件衣服，盡可能確保他們不會傷風感冒，將他們從頭到腳裹得密不通風才敢送出家門。但挪威老師竟然建議家長不妨讓小孩試試光著腳丫踩踏雪地，以體會白茫茫的冰雪究竟有多冰冷刺骨。

上：挪威意象——穿著滑雪板出生的嬰兒
下：挪威小孩從小就當滑雪是家常便飯。

幼稚園階段正處於大量透過觸摸、感覺建立個人經驗的年紀，包括葉面上的紋理、樹底下盤根錯節的枝幹、花瓣的觸感，抑或是表面粗糙的石子，乃至和著雜草的泥土以及凍人的冰霜。當小孩親手接觸到它們，也同時在自己的腦袋裡轉換成一組明確的感知。逐一建構他們對周遭環境的理解和認識，其過程產生的學習效果，往往遠勝於大人任何單純的口語形容。

也許是受艾蜜莉幼稚園生活影片的啓發，往後我帶娜拉到戶外遊玩，已不再隨時緊盯著她的指縫是否因為到處亂摸而滲入汙垢，逐步任由她直接以雙手翻攪草皮和泥土。偶爾她會狐疑地翻看自己的掌心，注視著那些從未出現在自己手中的黑色粉狀物。當我來不及制止她把一片枯葉放入口中，她可能已因為其味道苦澀，皺了皺眉頭而自動把它吐了出來，之後便不再對枯葉的口感產生興趣。也許很多時候，自然界所給予的教養，根本毋須假父母之手。

另一方面，依照挪威人傳統上的養育觀念，假若過度干預小孩在自然環境中本能的行為表現，也會一併不自覺地剝奪了他們辨識危險的天性反應。畢竟大自然親自傳授給他們的知識，向來比老師、父母口述，或者從書籍、畫冊吸收更明白有效。

我不得不說，艾蜜莉和她的同學們實在是群善良的孩子。影片其中一個段落，依然是森林探索的情節，學生跟在老師後頭，步行在一條林間步道上，突然有人發現自己腳邊躺了隻死老鼠。經過一番交換意見，眾人決議為這隻死老鼠就地舉辦一場基督教式的葬禮，助其入土為安。當我看著影片裡的畫面，不斷面露驚訝神情，且偶爾發出會心一笑的同時，原本坐在我懷裡的娜拉，已因不耐久坐而鑽出我的胳膊跑得老遠，一副事不關己地轉移陣地在廚房翻箱倒櫃。我相信，未來她若有機會經歷影片中的一切，在類似情境下，她必然不會為了隻森林裡的死老鼠嚇得淚眼汪汪。又或者她也會願意和同學們一起為一隻小老鼠的殞命哀悼祝禱。

挪威幼稚園重視室外課的程度，其實有些超乎我想像。儘管並非所有小朋友都會選擇「全室外教學課程」，但他們一天當中，留在教室裡的時間也的確少之又少。娜拉滿月那天，我們帶著她去拜訪一對住在挪威、瑞典邊境的挪威夫婦。他們的女兒阿曼達從小便是受傳統挪威式教育長大。一陣簡短寒暄過後，阿曼達要求她的爺爺駕駛快艇，同時以麻繩拖曳後方躺在游泳圈上的她。直到夕陽西下，阿曼達才掛著心滿意足的微笑上岸。這是阿曼達從小最著迷的水上遊戲，過程既驚險又刺激。

正準備升九年級、十四歲的阿曼達，躺臥在游泳圈上，緊隨爺爺駕駛的快艇飛馳於峽灣之上。高速行駛下，阿曼達時而揚起離水數尺，時而墜下重擊海面。挪威具有特殊的峽灣地形，海水下方多是被古老冰河切割開的深溝，站在岸邊的我不禁為阿曼達捏了好幾把冷汗，深怕她稍有不慎跌入危機四伏的大海。

事後我問阿曼達的父親，這「遊戲」難道不會太危險？阿曼達的父親若無其事地回答我：「你當然得先會游泳，且衡量個人的泳技是不是足以應付這片峽灣。從小我們就教導阿曼達學習在大自然中保護自己，當你具備一定的常識和技能，這項『遊戲』就不構成一項危險的運動。」

我相信，挪威幼稚園的全室外教學課程，同樣不光是在訓練一個小孩不怕死老鼠的膽量而已，還包括傳遞許多人類面對自然界必須具備的常識基礎。挪威人無疑是個喜愛挑戰大自然的民族，舉凡峭壁攀岩、山林健行、滑獨木舟、滑雪、海泳、湖泳，多為挪威人從小到大生活中的一部分。但他們很少在常識、技能不足的情況下讓自己涉險。這或許是多數人假日一到就讓自己投身野外

阿曼達要求她的祖父駕駛快艇，並以麻繩拖曳後方躺在游泳圈上的她，彷彿驚險刺激的水上樂園遊戲。

的國家，卻甚少耳聞當地野外活動意外新聞的原因之一。

很多挪威人確實是把森林、湖泊、峽灣、太陽、驟雨都當成從小到大的親密夥伴。因為自然萬物不僅伴隨個人成長，更教會了自己許多事，簡直亦師亦友，也難怪挪威人總是對餐風露宿這類的野外活動趨之若鶩。挪威全境布滿森林、湖泊、山丘、縱谷，確實沒道理讓自小在此成長的人對這片土地習性過於陌生。

看完艾蜜莉的幼稚園成長紀錄，我對挪威幼稚園室外課的教學內容益發感到好奇。藉由一次機會，我向在幼稚園當老師的好友史方提出一個問題，「難道挪威小朋友都不需要在教室裡上課？」史方卻反問我：「對這個年紀的孩子來說，你又該如何定義『教室』？」「非得在三坪大左右的空間，有桌子、有椅子、有黑板，才能傳授他們社會技能和生活常識？」他沒有直接回答我的問題，而是拋出更多問題，供我自行詰問。我大概能理解他的意思，挪威人是把關於一個小孩可能接觸到的日常環境，都轉換成有意義的教學場所。「學習」這件事，就未必得局限在有牆、有門、有窗、有講臺的「教室」之內了。

此外，挪威室外課的內容，還包括帶著小朋友搭公車、瀏覽住家街區、到圖書館借書，盡可能接觸外界人群。這當然也是一種最貼近日常生活的實境教學。他們同時學習感受旁人友善的回應、禮貌的對待和親切的微笑。又或者當他們笑盈盈地對著路人而遭對方不屑一顧時，說不定也有助於他們成長。人際互動的學習，往往是得跳出校園的框

右上： 森林是挪威小孩最熟悉的教室
右下： 森林郊遊路上遇到死去多時的馴鹿
左上： 學校老師經常帶著學生外出認識環境

架才有機會接觸得到。

當我看著公車車廂裡穿著螢光背心（基於安全理由，幼稚園校外教學時的服裝規定）的兩名約莫四、五歲大的小女生，對著同車一名雙眼抹上煙燻妝的少女露齒微笑，卻被回以一陣白眼，而後悻悻然低下頭重回彼此先前話題時，頓然覺得那位少女的反應也沒有什麼不恰當。我不覺得這樣負面經驗會對小女孩幼小的心靈造成什麼傷害。在多數人都是以笑容回應類似年紀的小孩時，未來當娜拉遇到煙燻妝少女的冷漠態度，她會以什麼樣的觀點，什麼樣的心情，回來對我說明解釋自己當下的心情感受。這應當也是挪威室外課的目的之一。除了提供自然界的知識，它也經常伴隨某種社會化的學習經驗。我發現挪威小孩的言行舉止、舉手投足，總帶有超乎亞洲同齡小孩的成熟度。往後我益加相信，那與其幼教階段潛移默化接收的室外課資訊必然有所關連。

小朋友如果待會看到像我手上這樣的馴鹿糞便（粒狀乾硬）就把它撿起來喔！
我們用線把這些馴鹿糞便串起來。
老師你看這是我做好的馴鹿糞便項鍊。

③①
④②

7.
參與式學習

挪威幼教系統傳授的「知識」也許不多，但整座城市就是一所資源豐沛的學校。它無時無刻都能藉由專以兒童為服務對象的戶外教學，給予國家下一代一系列有趣的學習。

娜拉十五個月大時，家中有限的室內空間，已無法滿足她旺盛的活動力。每逢假日，我們總得想破頭為她安排任何有效消耗精力的活動。假若因為擔心麻煩費事，偷懶不願為其整裝出門，就必須成天陪著她在家裡說故事、玩玩具，或者跟在這位小野人屁股後頭，焦頭爛額地替她頻頻製造出的混亂局面收拾善後。那才真是自討苦吃。當我們偶然從網路上看到丹斯克銀行（Danske Bank）即將在本週六舉辦城市馬拉松賽，並另外規劃一段一百五十公尺長的賽道供零到四歲的幼童體驗，我和葛羅莉亞未有半點遲疑，立刻替娜拉報名參加。

歐洲社會普遍洋溢著友善兒童的氣氛，挪威甚至被稱作兒童的成長天堂。當地小孩尤其比許多國家的小朋友擁有更多機會享有公共空間賦予的特殊待遇。馬拉松比賽當天，幼兒賽道就設在奧斯陸最精華地段的卡爾約翰大道，所有車輛皆被禁止通行。「封街」之舉的確造成汽車駕駛諸多不便，但只要服務對象是小孩，就絕不會有人認為它擾民。

當這個國家透過育兒津貼、父母育兒假、家庭照護假、兒童免費醫療等措施大舉減輕家庭育兒負擔時，我們多半著眼於能有多少個別家庭受惠，以及什麼樣條件的小孩能享受這些福利。但北歐人所標舉的「兒童是立國之本」，思考的出發點則是一個政府必須投入多少程度的資源，去培育屬於這個國家「共同的下一代」。因為任何一個小孩都不會只屬於個別家庭，而是國家集體資產。有此根深柢固的價值觀念在社會普遍流傳，這一群小蘿蔔頭當然可以無所顧忌地在全程封街的卡爾約翰大道上恣意奔馳。

後來因為娜拉不耐等候排隊加入比賽，且似乎對賽道外發生的事情更感興趣，我們只好退出賽事，隨她轉往鄰近的草皮上追逐麻雀和鴿子。她偶爾被路邊店家掛出的氣球、彩帶吸引注意力，在同一處人行道上來回折返數趟，我相信實際距離早已遠超過幼兒賽道那一百五十公尺。

秋天是挪威兒童室外活動內容最豐富的季節。就在幼兒馬拉松的同一天，距離市中心數十公里外的史邁斯達市（Smestad），另有兒童室外防火演練教育。我們打算只要娜拉對馬拉松比賽周邊景物漸失耐性，就立刻驅車移往史邁斯達消防中心，希望新鮮有趣的消防活動，能誘發她另一股好奇心。

挪威住家以木造建築居多，因此包括奧斯陸在內的幾個主要城市，歷來或多或少都有過祝融之災。西部港市奧勒松（Ålesund）便曾在一九〇四年遭遇挪威有史以來最嚴重的大火侵襲。當時奧勒松市中心的房舍幾乎燒毀殆盡，一夕間上萬人無家可歸。日後為防患未然，火災演習就成了挪威民眾日常生活中極其重要的一環。二〇〇九年我們初到挪威，一星期內就遇上兩次大樓演習警報，我和葛羅莉亞當時一度穿著短袖衣褲，外覆雪衣，頂著零下五度的氣溫，在社區廣場上枯站了半小時，直到所有住戶全數撤離大樓，

右：丹斯克銀行舉辦城市馬拉松賽，並另外規劃一段一百五十公尺長的賽道供零到四歲的幼童體驗

左上：幼兒賽道就設在奧斯陸最精華地段的卡爾約翰大道，所有車輛皆被禁止通行。

左下：城市分齡腳踏車賽也是奧斯陸每年的親子活動盛事

演習才告結束。不光是史邁斯達市，其他城鎮的消防隊也都在這一天走上街頭親自示範滅火技能，內容包括如何正確使用滅火器，以及在現場燃燒一臺報廢車，再由消防隊員現場指導小朋友嘗試自己動手滅除眼前大火。

曾經有一年，德勒巴克小鎮（Drøbak）的消防隊還特別調動救援專用直升機，讓小朋友登上直升機，體驗凌空翺翔的真正感受。透過機窗俯瞰其下米粒般大小的房舍，簡直比兒童樂園裡的遊樂設施更教人興奮。除此之外，防災教育還會附授同為挪威人的必備知識，比方說如何正確清理家中的煙囪和壁爐。

諸如此類活動設計，自然不脫寓教於樂，相當吻合挪威幼教「在樂趣中學習」的核心方針。經由每年定期比照真實情境的防火教育，我相信除了成人獲益良多，耳濡目染且有過實際操作經驗的挪威小朋友們，哪怕參與動機多半出於滿足個人遊興，日後面對火警意外時，他們終能表現出更穩健的應付之道。

在挪威式的教育中，即便目標對象只是個還沒認得多少字的幼稚園小丫頭，他們也會盡可能把生活裡任何可能發生的危險如實呈現在小孩面前，而非刻意為他們營造一個無菌、無災的世界，以為所到之處都和在家裡一樣安全。而且多數情況下，少有人會把教育的責任全然交給學校老師。各城鎮例行的防火教育，除了專家現場指導，家長還得不時從旁為一臉疑惑的子女解釋說明。挪威家長確保小孩平安無虞的方法，正是培養他們在不同環境下能有足夠的安全意識，例如史邁斯達消防隊真槍實彈的防火演練，就是最直接震撼的教學內容。

關於慢跑、防火，乃至清理煙囪，挪威家長本身亦有自小而來的實際經驗可以傳述。雖然我一開始時動機不甚單純，只是希望娜拉白天在戶外跑跳發洩精力，晚上可以早點上床睡覺，好還給我和葛羅莉亞所剩無幾的兩人世界。不過，經由那次週末，我大致明白了，無論是奧斯陸市的幼兒馬拉松，或是史邁斯達的消防教育，挪威父母都參與其中，而不僅僅是帶著自己的小孩前往現場打發假日時光，或讓活力充沛的小孩有機會釋放體能，這些活動的目的絕對不僅於此。

除了慢跑和防火教育之外，同一時間的奧斯陸市區，另外隆重登場的尚有國家科學週（Forskningsdagene）。一樣是沿著卡爾約翰大道，兩側

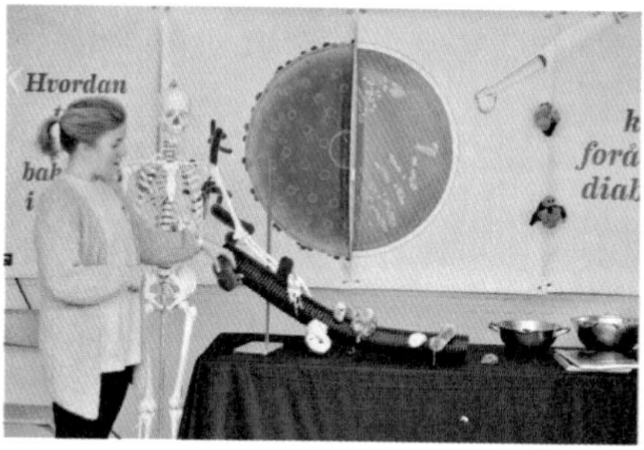

右：挪威各城鎮每年都會舉辦大規模消防演練，讓小朋友親身體驗防火活動。
左：奧斯陸的國家科學週，是專為小朋友設計的寓教於樂活動。

架起了不同的攤位，每個攤位代表不同的科學概念。在「路邊攤教室」裡，我們有機會瞧瞧顯微鏡下的生物構造、初步理解直升機起降的原理、觀察挪威山林地質的採樣，以及一根紅蘿蔔的培育養成，內容琳琅滿目。推著娜拉一個攤位逛過一個攤位，我和葛羅莉亞的好奇心，其實不亞於始終瞪著一雙大眼卻滿臉困惑的娜拉。這一天，隨侍在側的爸爸媽媽們，還必須充當解說老師，又或者至少是個助教。

娜拉當時的年紀，應該只能感受到街上的熱鬧和喧囂，時而跟著瞎起鬨。有朝一日當她進一步認識這個世界，我相信除了樂趣之外，她對這些活動設計將會有更深刻的體會。像個挪威小孩般成長，她小小的生命世界，或許有機會不會只被成堆的玩具、平板電腦的遊戲和五花八門的APP（Application，智能手機應用軟體）所淹沒，或者在腦海裡僅僅塞滿著關於兒童樂園的記憶。

挪威幼教系統傳授的知識也許不多，但整座城市就是一所資源豐沛的學校。它無時無刻都能藉由專以兒童為服務對象的戶外教學，給予國家下一代一系列有趣的學習。挪威父母也無法鬆懈責任，畢竟他們正是小孩最親近的導師。點點滴滴常識的累積，以及記憶裡和父母共同交織出的智慧領悟，往往將伴隨著小孩的成長，一路受用不盡。

原本落葉蕭瑟的初秋，因為這些豐富多元的活動讓我們的週末假日顯得忙碌充實且色彩繽紛。幼兒馬拉松結束隔天，距奧斯陸十五分鐘車程的小鎮博斯塔（Bostad），有處農場推出了「綿羊日」。當天有牧羊犬技能示範，以及現代化剪羊毛技術表演。因先天環境之故，綿羊和挪威人的傳統生活緊緊相依，從羊毛、羊奶、羊起司到羊肉皆是挪威人日常所需。綿羊日這項活動行之有年，直到石油致富的一代，挪威人仍難以忘懷經由農牧活動透視這塊土地的古早歲月。

奧斯陸周邊幾座牧場以親手照養的牛、馬、羊取代有賴進口的珍禽異獸，因為它本來就不是純為販售門票賺取收益的動物園。小孩們得以不用隔著柵欄、強化玻璃，遠遠遙望拖著蹣跚步伐的美洲獅或孟加拉虎。就算他們在牧場裡所能接觸到的動物種

一名挪威父親帶著小孩到市區近郊體驗農場生活。

類，遠不及動物園提供的那樣豐富多元；但挪威小孩也許更能因此掌握動物真實的習性。

位在奧斯陸城西的比鐸半島（Bygdøy）一處偌大的王室牧場，和綿羊日選在同一天，亦免費開放民眾攜家帶眷遊覽參觀。王室牧場外的周邊草坪上，另有成群棲息、每年依著時節來去的野雁和水鴨，使此處成為當地人觀察野生動物的好地方。

朋友之中，不少為人父母者十分熱中這些專為小孩舉辦的假日活動。帶著自己小孩參與其中，他們發現有時比起百科全書上的圖文解說，有更多意想不到的學習效果。挪威人總是不在乎小孩懂的東西是多是少，而是能否樂在其中，並且在增廣見聞的同時，將這些知識活用於成長的每一天。當然，這些生活知識伴隨個人心識成長，日後也可能發展成為一門艱澀專精的學問。

帶有濃濃娛樂性質的戶外活動，也許真的替挪威父母分攤了不少教育之責，也確實讓精力充沛的小孩，在外頭玩耍一整天後能回家倒頭就睡。我起初誤以為挪威家長面對子女教育似乎有偷懶之嫌，結果發現他們有時甚至比我們印象中，那些緊盯著小孩學校功課的家長，更在乎自己能否經常於子女的成長過程中陪伴。

在這些專為小孩設計的娛樂活動之外，回到幼稚園還有所謂的「家庭日」。爸爸媽媽這天得親手製作點心、餅乾，拿到學校和小孩的同學分享。準備點心時，他們的小孩

多數挪威父母都很願意花時間參與小孩的成長

當然不可能跑到別處自顧自玩樂，等著坐享其成，至少也要在廚房裡當個跑腿的幫手。另外，家長間也會自行籌組媽媽俱樂部或爸爸俱樂部，每隔一段時間，由爸爸們或媽媽們發起家庭聯誼，比方說帶著各自的小孩到森林裡夜宿，在缺乏水電供應的荒郊野外，挪威爸爸媽媽必須在自己小孩面前，展現個人野外求生的本領。很難說對一個幼稚園大的小孩而言，這不會是某種更為務實的成長訓練模式。

不少初移居挪威社會的外籍父母，經常認為當地頻繁的親子活動，徒然只是增加家長額外負擔。但實際情況是，挪威小孩比我們認知的同年齡小孩更具備安全觀念，更懂得在不同的環境下如何避免讓自己發生意外。如此一來，父母反而因此輕鬆不少。

一年冬天，我乘著滑雪場專用的雪道纜車準備重返山頂，一群挪威小學生剛好在我腳下數十公尺遠的地方，踩著滑雪板蹬蹬跳跳朝山下走。那不是正規的路徑，但也非禁區，只見他們手腳俐落，依順不規則起伏的地形，謹慎地朝纜車發車處滑行而去。事後我們在山上巧遇，我好奇地問他們，到底哪來的勇氣，竟然捨棄一旁平順安全的坡道，選擇那條蜿蜒崎嶇的路走。他們聳聳肩，一派輕鬆地說：「只要掌握腳下雪堆凹陷和隆起的變化即可。」並補了一句「爸爸教的」。

很多時候，我並不覺得挪威小孩特別勇氣過人，或者擁有天賦異稟的肢體協調能力好讓他們能在成長過程中趨吉避凶。涉足湖畔、海濱、崖邊、森林、雪地上的他們，卻總是比我熟悉的同齡三歲、五歲小孩更多了份從容和自信，甚至已有讓自己遠離險境的基本邏輯觀念。當地父母將小孩帶往森林，經常只是遠遠盯著他們，少有亦步亦趨隨時準備伸手攙扶。儘管孩子或許常因此跌倒受傷，把自己撞得滿頭包，那也是利多於弊的成長代價。

曾經有對挪威夫婦受朋友之邀到臺灣旅遊，回到奧斯陸後，他們興沖沖地和我分享那回遊記雜趣。雖說對臺灣留下良好的印象，唯獨有件事讓他們百思不解：為什麼他們的臺灣友人帶著一歲大的兒女出遊，在自然風景區把自己小孩保護得無微不至，卻會偶爾抱著僥倖心態，以為路途不遠，開車時就未讓小孩隨時使用孩童專用安全座椅，甚至是由媽媽抱在腿上，連安全帶都免了。在本該學習自保的大自然環境中，我們經常不緊抓教育子女危機意識的大好機會，而常不經意地在應當嚴謹小心的時刻放鬆大意。

小小年紀的挪威孩童，之所以能夠具備相對扎實的生活常識，主要在於傳授他們這些避險技能者，除了學校老師，以及透過公共資源傳遞資訊（如防火教育）的政府，和小孩朝夕相處的家長，亦同樣扮演吃重的角色。父母的安全概念，毋庸置疑，將直接影響小孩往後的行為表現。

我相信對挪威人來說，小孩成長必須的知識教育，有非常多確實是難以坐在家中，光用紙上作業就能養成。為了娜拉，除了多多參與親子活動外，我想我自己也得多加把勁，學習一些足以傳授給她的新技能。

③①
④②

8. 生日禮物

在挪威，送小朋友「故事書」當生日禮物絕對是上上之選。直到今天，挪威人為小孩子準備的生日賀禮仍多以童書為主。

小孩一進入幼稚園階段，挪威父母每隔一段時間，就會收到班上同學寄來的生日派對邀請卡。這真是天上掉下來的禮物。因為那表示我們可以把自己的小孩送到對方家裡和其他受邀同學作伴。接著，他將不再整天纏著你，頻拉你的衣角，以半命令的口吻要求你和他玩扮家家酒。更何況，參加生日派對，壽星的爸爸媽媽還會扮演一日臨時保姆，負責照料你家的小鬼頭。真是何樂而不為。

一般的流程是，在我們帶著小孩入門和主人（對方家長）簡單寒暄後，便可暫行告退。之後約莫三、四個小時的時間，我和葛羅莉亞也許是到樓下轉角的咖啡廳，平心靜氣地享用一客餐點，或者悠悠閒閒地翻閱時尚雜誌、上網瀏覽臉書。再不然，我們也可趁著沒有調皮搗蛋的跟班干擾，跑到很久沒去的百貨公司為自己挑件新衣服。就算想看場電影，時間也綽綽有餘。只不過，當輪到自己兒女邀請班上同學到家中慶生，你也得有心理準備，你那不過數十坪大的公寓將成為小孩滿室追逐嬉鬧的臨時托兒所。挪威家長彼此間這一

輪到自己兒女邀請班上同學到家中慶生，那不過數十坪大的公寓將成為小孩滿室追逐嬉鬧的臨時托兒所。

這個年紀的小孩，已會模仿媽媽化妝。

類的交流默契，確實有相互支援、輪流偷閒的用意。

因此，當我們收到尤朗大女兒海蓮娜的生日邀請卡時，便二話不說，立刻允諾赴約。我們唯一得傷腦筋的，就是該送給一個兩歲大的挪威小女生什麼樣的生日禮物。她喜歡洋娃娃嗎？還是已到了懂得梳妝打扮的年齡？（這年紀的小孩，其實已會模仿媽媽塗口紅、化妝，和決定自己今天想穿什麼鞋子、想配什麼衣服了。）在北歐廣受好評的BRIO木製小火車，似乎比較適合男孩子。送套小洋裝，但不確定海蓮娜的身高尺寸以及適合什麼樣的款式。我和葛羅莉亞商議良久，跑了幾趟玩具店，就是拿不定主意。不過，我們倒是已計劃好屆時憑空賺得的兩個鐘頭，可以到附近某家餐廳喝杯下午茶。

關於如何挑選海蓮娜的生日禮物，在幾番探尋挪威友人的意見後，我們終於有了明確目標。他們幾乎一致認為，在挪威，送小朋友「故事書」當生日禮物絕對是上上之選。直到今天，挪威人為小孩子準備的生日賀禮仍多以童書為主，儘管五歲以前他們根本還認不得幾個字。時下不少新式玩具雖然頗具啓發性，但「書」還是普遍受到挪威家長歡迎。

這個國家看來確實是有計劃地營造幼兒的閱讀習慣。例如一九八五年挪威國會便大刀闊斧通過一項影響深遠的圖書館法案，規定挪威境內共四百個市都得設立一間兒童專用公共圖書館，且要求它所提供的服務品質和藏書多樣性，必須比照成人圖書館的規格辦理，並盡可能讓所有小朋友都能輕易取得館藏的兒童讀物。

當年這項法令被視為今天挪威高閱讀率的重要推手，目前挪威便有九三％的成年人有固定閱讀習慣。自此而後，所有兒童文學圖書館皆和各地小學的圖書館連線整合，挪威小朋友於是有機會經由最簡便的管道，獲得豐富多元的童書資源。挪威人會略帶驕傲地告訴你，如今圖書館裡兒童書籍借閱率早已超過五〇％，而且平均每位十四歲以下的兒童一年會從圖書館借出十六本書。我相信挪威小孩從小所受的教育，應該不光只有在遊戲中學習，或者純然將他們成長必備的知識技能交給大自然訓練。當地有八成的小學生家長，每週至少會為自己子女讀三本故事書，而少有求助字正腔圓的故事錄音帶代勞。

當時娜拉才十三個月大，書對她來說，或許仍屬於某種形式的「玩具」，她的專注力也尚不足以聽我講述一部完整的故事。但自她滿週歲後，我們收到來自其他挪威家長的禮物，種類最多則非「書」莫屬。當然，這些書的設計也必然得配合這個年紀小孩的需求，例如加上毛茸茸的小狗或小貓插畫，或可一邊翻閱、一邊動手撥弄具有遊戲功能的圖片折頁。當娜拉終於不再啃咬書角，並且逐漸懂得如何正確使用它時，這些書終究已有別於其他玩具的目的。儘管她總是一副殷殷期盼要我說故事給她聽的樣子，卻在我剛起頭時，又一溜煙跑去廚房調皮搗蛋。

除了一九八五年的新圖書館法規有助於提升挪威人閱讀率外，若把時序再往前回推至一九六五年，那時挪威政府一項支持本土作家創作的計畫，顯然也對半世紀後的挪威社會影響甚巨。當年新辦法實行之後，只要有任何的本土小說、短篇故事、詩詞、劇作撰述成書，政府就會出面購置一千冊，做為各地公共、學校圖書館的館藏。

兒童讀物亦復如是。政府購置的數量從最初的五百本一路追加到日後的一千五百五十本，還與出版社共同支付第一刷版稅。政府會在出版社支付的一〇%版稅之外，再支付作者一筆一二%的版稅。平均首刷為二萬三千本。如此慷慨的措施，當然是為了減輕寫作者的經濟負擔，但也在這個五百萬人口的小國家，實質造就一代代專門以創作童書維生的熱血作家。

政府大舉鼓勵本土作家，廣及童書的創作者，使得六〇年代的挪威儼然興起一股童書創作的風潮。在生活無後顧之憂的情況下，童書的形式愈加百花齊放，作者間的接力合作也曾興盛一時。七〇年代，更行茁壯的挪威兒童文學，又在插圖這一領域結出新的

在挪威，送小朋友「故事書」當生日禮物是上上之選。

果實。當時因為現實主義、批判主義被引入挪威社會，挪威童書也開始試著透過簡易的文字和親切的插圖，在故事內容中嵌入成人世界的道德觀。除此之外，配合現代的社會氛圍，此時的童話故事在某種程度上，甚至還有傳遞「反權威」的色彩。於是這些童書不再施以單向的教化功能，主要任務還包括對小孩提出更多的問題，而非給予更多的答案。二十一世紀初，涉及同性戀議題的童話故事首度列入挪威幼稚園選讀教材，代表挪威兒童文學的多樣性，繼續隨著時代的推演，不斷增生變化。

許多指點我大可送書給海蓮娜當生日禮物的挪威父母，或許只是理所當然，不帶嚴肅精神的建議，彷彿十分稀鬆平常。不過就我所知，曾經讓挪威人最感自豪的國家招牌，就是一度百家爭鳴的本土童話故事。起於北歐神話薩加（Saga）的薰陶*，挪威人自古以來就是十分擅長講故事的民族，這項特長成為當地童書內容源源不絕的養分。不光是文字敘述，為了讓兒童更樂於親近接觸，童書附帶的插畫也愈來愈有強烈的自主意識，能獨樹風格，甚至躍居藝術品的地位。

* 薩加（Saga）是北歐地區特有的文學，內容主要為北歐神話、英雄傳奇與探險故事。一開始是以口傳的方式流傳在民間，後來則是以套有韻律的散文寫成，並搭配樂器朗誦。

插畫創作愈加天馬行空，強化了童話故事文字敘述的聯想力。有一段時間，挪威童書不只情感豐富，簡直充滿詩意。而插畫在童話中的地位和分量，甚至還超越了文字本身。新作品變化多端的面貌，更進一步拓展了小讀者們的想像空間。我對挪威童書頗為好奇，為此特別到圖書館借了幾本插畫時興年代的代表作，其內容果然充滿稀奇古怪的詭異幻想。事實上，無論小孩還是成人，在閱讀這些挪威童書時，都會產生不同程度的樂趣。透過這些書籍所反映出的挪威王國，是個充滿生氣與活力的斯堪地那維亞綺麗世界。

童書插畫創作愈加天馬行空，強化了童話故事文字敘述的聯想力。

七〇年代，挪威童書也開始試著在故事內容中埋入成人世界的道德觀。

到頭來，我不確定海蓮娜喜不喜歡我送給她的故事書，那是一本講述森林裡一隻大兔子和一隻小兔子相遇的故事。因為不諳挪威文之故，事後我還得透過她的父母翻譯解釋，才對其內容稍有瞭解。但我還是由衷感謝海蓮娜的邀請（當然，她主要是邀請娜拉），讓我得以有機會一頭栽進挪威人的童年時光，且有幸體悟到挪威人在建構童話故事時，即便使用的字句皆淺顯易懂，卻有著諱莫如深的寓意。

並非所有童話故事都是為了投射成人的道德觀。比方說已故的挪威童書作家豪根（Tormod Haugen）✲便以獨到的眼光和筆觸廣受挪威人喜愛。他向來不喜歡在童書裡注入太多成人世界的善惡邏輯。豪根所關切的，是所有曾在童年時受過傷害，而把自己心靈隱藏在黑暗中的小孩。他希望藉由他編寫出來的故事，為這些兒童帶來些許歡樂和光亮。豪根不以奇幻為手段，而是專注挪威社會底層不被重視或家庭失和的受害兒童。有一段時間，挪威人十分感激他確實讓諸多歷經不幸、寂寞孤單的小朋友重拾對生命的熱情。任何在童年時期發生過的悲傷和焦慮，透過他描繪的故事加以轉化，那些記憶原來都有可能成為日後面對外界的正面力量。童話故事也許未必得如成人讀物那般意義深遠，又或者時時刻刻洋溢著種種社會道德批判，但也不會只是提供樂趣而已。至少當時曾有一代的挪威人，試圖藉由童書的表現，站在側翼的位置豐富自己的國家和這個世界。

豪根曾在名為《白色城堡》（*Slottet det Hvite*）的故事中，講述一個名叫艾蒙的小王子，從小到大一直以為自己是國王和王后的獨生子。長大後，一次偶然的機會，才發現自己竟然還有個年幼時就遭父母棄養的親姊姊。只不過姊姊礙於天生殘疾，從沒享受過

✲ 豪根為挪威兒童讀物作家暨翻譯家，因對兒童文學貢獻良多，曾於一九九〇年獲頒國際安徒生獎，於二〇〇八年逝世。

任何宮廷裡的榮華富貴，很小就被逐出王室，長年流浪在外。故事最後，國王因為統御失當，被群情激憤的人民趕下王位，王室崩解，白色城堡最終成了一座廢墟。淪為平民的艾蒙，反而因禍得福，一償宿願，輾轉和他日夜思念的姊姊在民間重逢。

學校老師每週定期帶學生到市區圖書館看書、借書。

另一則《齊伯林》（*Zeppelin*）故事，則是描述森林裡頭住著一位名叫妮娜的女孩，有天意外和一位渾身髒兮兮的小男孩相遇。小男孩命運坎坷，從小受到家暴，某日終於忍無可忍，決意逃離父母魔掌。原本對外頭世界一無所知的妮娜，得知小男孩的處境，不只是同情，而為小男孩擁有她所沒有的膽識、活力和獨立性格大感欽佩。於是決定加入小男孩的探險之旅，第一次有勇氣步出從小到大將她保護得無微不至的那片森林。這兩則故事的確有別於我們傳統印象中的童話情節，話說回來，其間的布局隱喻，小孩也未必全然不解。

娜拉當然還聽不懂這兩則對她來說仍過度

複雜的童話，也不可能有耐心聽我讀完故事。但未來她終究還是有機會好好聽我說故事。只是，我無法確知這些故事能為她帶來什麼樣的啓迪作用，一切都還言之過早。不過，就如同挪威人所深信的，童話故事自有其力量，它會自行轉換成小讀者們的創造力和想像力，也許還會不由自主地形塑小孩某部分的人格。或者等到十餘年後重新翻看時，娜拉自己會領悟出一種我所不知道的內在意境吧。

豪根相信，童年是每個人內心深處一張無形的網。透過精神分析，任何人都得以看見這張網的存在，並解構它對我們往後人生的意義。有時候，童話故事則是有別於精神分析，可達到此一目的的另一種有效方法。這席話深深影響往後數代的挪威人。直到今天，儘管這是一個鼓勵小孩盡情玩樂的國家，但此地其實還有著世界上最樂於為小孩說故事的家長。挪威的景致常被形容彷若童話世界，我倒認為，這個國家關於「童話」的因子，其實不光是它的外貌而已。

9.
No Photo !

挪威人慎重地尊重孩子的意願，也僅是真正把每一個小孩視為獨立個體，必須給予成人般尊重的第一步而已。

娜拉出生前一年，有天我收到一名臺灣電視臺記者的來信。信中說明他們不久後將有項出國採訪計畫，打算遠赴挪威製作幾個有趣的新聞專題，介紹這個遙遠王國有別於臺灣的人文風貌。例如一個男人推著嬰兒車滿街跑的國家，到底會營造出什麼樣社會氛圍。他們認為，或許我能以一個在地觀察者的身分，對照臺灣、挪威兩地父親的異同。但正為女兒即將誕生而忐忑不安的我，實在很難給予具體的答案，最後只得回信婉謝他們的訪問。不過，大衛應該會是個合適的人選，由他現身說法應該更具說服力。

順利取得大衛首肯後，這名臺灣記者得以動身準備出國採訪。這次的採訪規畫中，他們除了採訪大衛本人，還連同攝影師拍攝大衛一家人的居家生活，並請大衛的太太（挪威人）以挪威媽媽的角度，評價挪威爸爸關於親職工作的表現。另外，為了豐富專題內容，這名記者事前曾徵詢大衛，能否前往他兒子塞巴思汀就讀的幼稚園，捕捉挪威小朋友在學校裡東奔西跑的現場畫面。配合度極高的大衛只要對方提出要求便幾乎照單全收，唯獨這項安排他稍有推遲，數度於往來書信中表示還有待商榷。

首先，大衛必須先知會幼稚園管理階層，明確讓幼稚園老師知道某天下午，他會和一名遠從臺灣來的記者一起到學校接小孩，同時有攝影師隨行。而儘管園方對於這次採訪活動樂觀其成，卻仍得另外取得其他家長的認可。因為拍攝過程中，除了塞巴思汀是畫面主角外，必然會有其他小朋友也隨之入鏡。但不是每個家長都希望自己的小孩出現在電視畫面裡，即使那是數萬公里外的一家臺灣電視臺。

經過園方一輪個別意見調查，絕大多數家長都認為這樣的經驗頗為有趣，未有不妥。不過，卻有一名家長抱持反對意見，最後結論，便是園方據此婉拒了臺灣記者欲拍攝塞巴思汀校園生活的提議。當地人雖然對外來者十分友善，但不容否認，仍有為數不少的挪威人確實生性低調不喜歡張揚。藉由媒體曝光，享受上電視的虛榮，向來也不是他們的作風。因此當陌生人拿著攝影機、相機對著自己或者自己的小孩拍，事前若沒有徵得許可，對他們來說，那近乎是一種侵犯。

挪威人曾經為了美國駐挪威大使館以維安為由，在自家使館周邊路口多加裝了幾支監視器而群起抗議，美國大使館最後只好入境隨俗，恢復原貌，還給挪威人一個自在不受監控的路口。由此觀之，我們大概可以掌握挪威人何其重視個人隱私。

子女肖像權在北歐國家深受重視。要對挪威小孩拍照，得先徵詢他的同意。

挪威社會亟其強調個人私領域不能受干擾，尤其以此保護兒童。時有所聞的經驗是，許多亞洲觀光客造訪當地，見到路上金髮碧眼、五官輪廓深邃的挪威小孩，常會忍不住自顧自對朝著他們連續拍照，彷彿這些在自己國家相當少見的洋娃娃，也是足堪取材留念的畫面。但如果沒有事先詢問對方家長的意願，其實這是十分不禮貌的舉動。關於在公開場合逗弄他人小孩的行為，北歐社會同樣是相當謹慎而多所避諱。

還記得妮可的女兒索菲亞三歲大時，曾和媽媽一起回臺灣老家面會親友。索菲亞褐髮藍眼的混血兒外貌，常常讓街坊鄰居忍不住好奇貼近。出門逛夜市時，索菲亞所到之處，都被簇擁地猶如小童星般。這位不習慣被旁人東捏臉頰、西勾小手，甚至強索合照的小女孩，一度嚇得花容失色，害得她之後好幾天躲在家裡不敢出門。有回我和葛羅莉亞送了件東西到妮可家，見到有著純粹亞洲臉孔的我們，恐怕是對幾個月前的臺灣行仍餘悸猶存，索菲亞當下立刻躲得老遠，探頭探腦在沙發後頭觀察我們的一舉一動有無踰矩。

無論公開場合還是私下來往，挪威的家庭和家庭之間經常保持適當距離，很少人會「敦促」自己小孩和外人熱絡打交道，乃至不喜歡別人替自己小孩照相或攝影，儘管只是有可能出現在短暫的電視畫面中。或許這般心態顯得有些冷淡而缺少人情味，不過一旦深入理解北歐社會，我們很可能會發現其中另有隱含的道理。

北歐國家向來注重小孩們的自主權，「兒童至上」一直是其自我標舉的社會價值。他們習慣讓小孩自己決定與周遭環境互動的方式。見到親友長輩，無論禮貌性握手、熱情擁抱和親吻臉頰，亦或僅僅站在一旁無動於衷地凝視對方，全無朝其貼近一步的念頭，都是可接受的行為。那位幼稚園家長反對記者拍攝，可能是基於主觀的肖像權保護，也可能是自己的小孩並不想出現在畫面中。

當臉書使用大為流行，挪威、丹麥和瑞典社會便曾針對子女肖像權問題引發熱烈討論。如同許多疼愛子女的家長，這幾個北歐國家的父母也很喜歡把自己小孩的照片上傳至臉書供人品頭論足。當中有出生不久、全身光溜溜帶著嬰兒肥、笑得合不攏嘴的小女孩；挺著圓滾滾的肚子，只包著一條尿布便四處亂竄的小男生；或者三歲小孩趁父母不注意，偷吃巧克力塞得滿嘴的模樣。這些偶然記錄下的生活場景，或多或少會成為父母捕捉兒女童年記憶的素材，同時拿來與眾親友分享交流。因而網路上不時可見父母利用日益精進的影像軟體，將自己子女一些可愛、討喜的照片後製加工，配合個人心得感受上傳到臉書供人觀賞。

就在全球臉書使用人口已然超過十億的同時，丹麥報紙出現過一則報導，它慎重其事地提醒家長，隨意將子女照片上傳至網路，不見得全然是件有趣的事。稍有不慎，恐怕會對子女未來人格養成造成負面影響。不少心理學教授紛紛在內文中提出建言，主張在小孩開始上學、面臨同儕互動的階段，父母尤其必須學習正確理解子女的感受，懂得尊重他們的權力，去決定自己的照片，哪些可以放上網路，哪些則不可以，而非一味只為迎合爸爸媽媽的育兒樂趣。

另一方面，丹麥人權研究所（Danish Institute for Human Rights）也有一份類似報告，顯示父母在上傳子女照片時，通常沒有意識到由於數位化的技術，那些照片一旦在網路上曝光，往後將成為子女生活中一個難以消抹的紀錄。很有可能事隔多年後，他們的小孩會發現自己其實並不希望那些照片一再被熟人傳閱。

這確實並非全無風險。無論挪威、丹麥或是瑞典皆時有所聞，有不少小孩曾因父母一時興起貼出某張照片，徒然陷入難堪的處境。真實的案例是，有位丹麥父親將國小女兒某張獨照上傳至臉書引起的風波。在爸爸眼裡，照片中的女兒既活潑又開朗，當然巴不得全天下人都能欣賞到她可愛的模樣。但女兒的同學卻覺得她擺出的姿勢十分滑稽，有事沒事就拿她開玩笑，同儕間隨之而來的欺侮和嘲笑幾成屈辱。諸如此類的副作用，難保對許多幼童的社交生活產生不良反應，畢竟網路世界可能產生的連帶效果，通常是捉摸不定、難以預測的。

娜拉出生後，就像每位新生兒的待遇，得到了來自周遭朋友溫馨的祝福和讚美。但假如仔細區分，我們發現挪威人之間，甚少將他們的讚美之詞用於娜拉的五官外貌上。

為人父母，就算再怎麼不具虛榮感受，假如對方稱讚妳的女兒眼睛明亮、眉宇端正、頭形圓美、臉蛋討喜，你內心一定歡欣不已，默默點頭稱是。但對挪威人來說，小孩的外貌、長相似乎從來不是件應當公開表揚之事。「帥」、「漂亮」、「英俊」、「美麗」，也一直都不是挪威人形容任何個人的慣用詞彙。我們也許聽過歐洲一句古老俗諺：「讚美會遭來邪惡之眼」，意思是他人的忌妒之心，很可能會為自己招致厄運。但我認為今天挪威人保護自己子女的初衷，當然不會只是基於這番考量。

生活裡多了娜拉，我們因而有很多機會參加當地朋友為自己小孩舉辦的生日派對。幾次經驗下來，你幾乎不曾看到在小壽星的生日派對上有哪位挪威家長會拿著相機到處為大家拍照，以至於好幾次原本我那臺已然蓄勢待發的單眼相機，又被我硬是塞回背袋裡。家長間似乎有個默契存在，也就是盡可能不讓持著相機遊走全場的大人們，無形中打攪了屬於小孩們的慶生活動。

關於挪威人如何尊重小孩隱私，好友妮可也有過親身體會。她曾在臉書分享了一張自己五歲大女兒和其他班上同學的合照，幾天之後，其中一名同學的家長發現自己的小孩也出現在這張照片的一角，便急忙致電妮可表達抗議，認為她不該未經同意，就把有她小孩在內的照片散布於網路上。妮可只得連忙道歉並立刻將其刪除。妮可的忠告，對我稍有警醒作用。儘管我拍攝的對象通常只會是娜拉，此事卻讓我開始留意鏡頭是不是同時帶入了其他小孩，以免將照片貼上臉書而因此觸怒某位家長。

不過話說回來，挪威家長會向妮可抗議，以及反對記者進入幼稚園拍攝畫面，其動念可能不光是出於個人好惡標準，而有更多人是站在保護子女隱私的立場，意即把小孩的肖像權當作和成人一般同等重要。父母逕自在網路上公開小孩的照片（包括連帶涉及其他小孩的照片），以及同意攝影師在幼稚園裡隨意拍攝畫面，其過程有時對懵懵懂懂的小朋友來說，或許正是一種干擾。儘管他們的年紀還不足以理解「尊重」為何物，但身為成年人的父母，應該不會不知道其間的道理。

得到籃球比賽冠軍的小男孩，大方地接受拍照。

這小男孩主動要求我為他拍張照片留念。

於是，我們回過頭觀察娜拉，當她開始會把不喜歡的東西丟到地上，抓我的頭髮，扯下葛羅莉亞的眼鏡，一再挑釁我們的反應，不斷周而復始反覆為之時，那也等於是一種學習判斷的過程。藉此理解自己的行為之中，哪些是不被允許的，哪些又是可以得到肯定的。多半時候，她任意而為的事情，和我們預期的多是反其道而行。不過，她至少漸漸懂得發出個人需求的訊號，以及不希望我們以什麼樣的方式對待她。配合簡單的解釋，久而久之，她愈加明白我們的意思，同樣的，我們也會經由數度你來我往，反過來瞭解娜拉逐漸鮮明的自主性，進而逐步尊重她所想表達的意見。

我們很清楚，父母不可能永遠都站在發號施令的角色。當娜拉個人意見愈多，亦即她正進入人類成長過程的自然狀態，此時我們必須給她更多的機會，去學習表達她的意志，並漸次放手，讓她學會獨立自主。挪威家長謹慎上傳子女的照片，或多或少也是建立在此種心態上，不會認為他們是我的子女，或者他們還小不懂事，我就有權力主導他們的一切。

父母威權管教的年代已然成為過去。包括臺灣，今天多數家長其實都願意透過引導的方式，尊重自己小孩成為他們自己想要的樣子，這堪為新時代父母的基本態度。只不過很多時候，例如輕易對著別人的小孩拍照，恣意逗弄路上陌生的孩童（我們也不那麼反對別人如此對待我們的小孩），或者一時興起將自己小孩照片傳上網路，在諸如此類看似細瑣、無關宏旨的小事情上，稍有不慎，我們很可能又會不由自主流露出傳統家長的專斷。挪威人對這些細節倒是慎重其事，而這也僅是真正把每一個小孩視為獨立個體，必須給予成人般尊重的第一步而已。

第三幕

基礎教育

被允許當個小孩　做自己　下一步　手工活計　成年禮

10. 被允許當個小孩

「不要讓孩子的童年過得太過匆忙」，這是挪威官方自一九九七年執行教改，十年之後重新檢視基礎教育內容，在總結報告裡開宗明義的第一句話。

二〇一四年夏天，艾蜜莉、索菲亞、凱蒂、仙娣和喬瑟夫都在同一天上小學，正式和沙堆、鞦韆、溜滑梯拼組成的幼稚園童年揮手說再見。他們無論穿衣服、吃飯和上廁所，皆已毋須父母插手。這些孩子有更明確的個人喜好，不再對爸爸媽媽言聽計從，他們更在乎的是學校老師的意見，父母偶爾還得搬出「老師說……」，他們才願意勉強照辦。娜拉出生後，從這幾位哥哥、姊姊接手了不少二手衣物和玩具，往後他們將以「前輩」之姿走在娜拉前頭，如鏡中預言般，替娜拉描繪出可能的未來。

一九九七年，挪威政府一舉修正了十年基礎教育，即全國一致的學習課程的入學年齡。爾後原本七歲才能入學的挪威小孩，六歲開始便可申請進入小學。考量理由之一，是當時挪威男女漸趨晚婚、晚生育，已出現高齡化社會跡象，提早讓小孩入學，等於是早一步培養下一代獨立自主的能力。這項教育改革，尤其獲得「老爸爸」、「老媽媽」的支持。

挪威基礎教育共分十年級。一到七年級的學生年紀為六至十二歲，屬於小學（Barneskole）階段，十三歲到十五歲則分別就讀八到十年級，為中學（Ungdomsskole）階段。但嚴格說來，挪威學生在七年級以前仍受「快樂童年」的政策保護，少有課業負擔，生活堪稱無憂無慮。他們至少要升上六年級，也就是十一歲之後才會開始接觸九九乘法表。有位臺裔小女孩在九歲時隨父母移居挪威，四年級就懂得利用九九乘法應付數學考試題目。同班同學一度集體向老師反應，認為這似乎有「作弊」之嫌。

艾蜜莉有回興沖沖向我介紹她的小學新生活，課表上的唱遊課、勞作課、美術課、體育課幾乎占去每日大半時間。放學後的課後活動，艾蜜莉可以另外自由選擇學校裡的畫畫課或樂高積木課（玩樂高居然也可稱之為一門課？）直到下午四點四十五分放學。課程安排似乎多偏向玩樂性質，但對艾蜜莉來說，每個環節其實都是一種學習過程。

除了正規上課時間，艾蜜莉所就讀的學校，每星期二會將一到三年級學生的上課地點轉移到鄰近的圖書館，由老師教導學生如何借閱館內讀物，並逐步認識圖書館的資源以及熟悉使用規則。星期三則固定從事戶外活動。有時到森林裡健走、有時到湖邊嬉戲，或到深山裡滑雪。不論晴雨，哪怕豔陽高照還是春寒料峭，一到星期三，絕對不會有人留在教室裡頭。

戶外教學其實就是挪威校園教育的延伸，他們經常走出校門，到街上認識環境。例如學習交通號誌和各種招牌標示的意義、辨識建築物的年代和風格，同時懂得搭乘大眾運輸工具。比較特別的是，老師偶爾還會安排大家前往班上某個同學家進行家庭訪問。

每隔一段時間，當我坐在公車上，百無聊賴對著窗外景色發呆時，就會頓然被一陣嘰嘰喳喳的笑鬧聲給拉回神。挪威小朋友搭車秩序尚稱規矩，僅偶爾有小男生、小女生穿著連身雪衣，隨性地躺臥在走道上，倒還不至於造成旁人不便。校方通常會刻意安排高低年級一起出遊。如此一來，年幼者便可有學長姐充當榜樣觀察模仿。

此外，小學生的體育課程皆可自由選修，舉凡足球、手球、乒乓球、滑雪和溜冰不一而足。艾蜜莉對球類運動向來不感興趣，於是她選擇了體操課。對一個安坐不住的小女孩來說，體操課翻滾跳爬的動作剛好恰如其願。總而言之，挪威小學初期階段，重點並不在快速地學習語言、算數、自然科學或者道德教育。學校的功能重點主要在協助學生有機會多方探索，並親身體會和觀察自己周遭的人事物，以

右上：學校老師每週定期帶學生到市區圖書館看書、借書
右下：室外課是挪威教育中相當重要一環
左：學校老師利用室外課帶學生到國家美術館參觀

從中獲取粗淺的知識概念；再透過有系統的實驗計畫和操作機會，例如每週三的校外教學，去強化並印證個人的生活經驗。

當艾蜜莉把老師開給她的「本週家庭作業」攤在我面前，坦白說，假如那也是娜拉未來要面對的事，我一時間還真不知該替她感到高興還是憂心。作業內容，不過是要求學生讀完一篇五頁篇幅的故事，以及簡單的英文字母練習和一道算數題。算數的題目則是：以下（分別以圖畫顯示，例如兩顆蘋果、三根香蕉）誰是「五」的朋友？（正確解答為兩顆加總為五的骰子）一年級小學生居然還在回答這種程度的問題？

直到十三歲以前，他們只會學習簡單的加法和減法，也許對出門買塊麵包已經堪用，但對照我們這一輩的小學生活，難道不會過於輕鬆？我問艾蜜莉，妳會不會覺得這些功課對妳來說簡單了點？她回答：「是不難啦。但老師說，我們有十年時間要待在這間學校，所以六年級以前（小學和中學之間的過渡年級），把時間拿來多玩一點也沒關係。」艾蜜莉的媽媽在一旁附和補充：「小孩子就是要多玩耍，否則就是枉費童年。」

挪威當初的教育改革，除了降低入學年齡，並立下一到七年級的教育方針，將這個階段的學習原則訂為「讓小孩子做他們感興趣的事」，且務必要讓所有學生都不會害怕上學。* 至於學校裡原先任何形式的處罰，也全被屏除在外。一直要到六年級以後，學校才有必要針對上課遲到、缺課的學生予以適當警告。二十世紀初期的挪威，行為不檢

* 學生在八年級（十三歲）以後，挪威教育體制進入中學階段，上學不再僅以體驗生活為核心，課程設計也開始注入更明確的學習目的。

的少年甚至會被父母送往離島的感化院接受隔離教化。那個年代挪威執行權威高壓管教的方式，比起我們曾經有過的校園打罵體罰，可謂有過之而無不及。挪威教育也是經由數度轉型，才改弦易轍為今日的兒童天堂。*

我相信對挪威小學如今「無為放任」的教育政策感到困惑者，不會只有我和葛羅莉亞。根據挪威社會研究所（Institutt for Samfunnsforskning）二〇一四年的年度統計報告，每年約有上百名挪威小孩被送往其他國家就讀小學，其中主要來自外裔家庭。他們的父母經常抱怨挪威小學教授的知識實在太少，課業太輕鬆，校園紀律鬆散，完全看不出小孩知識程度的增長。尤有甚者，有些爸媽心一橫，乾脆把小孩送回自己家鄉接受傳統的填鴨式教育。

其中有些是已取得挪威國籍的索馬利亞、肯亞、巴基斯坦和埃及等外裔家長，他們也覺得挪威的小學生活實在放縱到有些不太對勁。按照普遍的認知，這些家長自己原生國家的發展程度遠遠不如挪威，但卻對挪威教育毫無信心。他們早已習慣小學生就該背著厚重的書包上學，每天都有密密麻麻的家庭作業，循序漸進學習繁複的知識，累積背誦琳琅滿目的教材。學校有義務對小孩的教育負完全責任，而家長的職責就是鼓勵和引導小孩走在勤苦向學的路上，等待有朝一日出人頭地。再者，這些外裔家庭不少是挪威社會中相對弱勢的群體，他們深怕自己的子女未受積極栽培，長大後的條件能力不足以

* 挪威小學和中學階段，教學的目的在於強健學生的心理健康和體能發展，並授與實際的生活常識，使所學成為有用的技能，幫助自己獨立，循序漸進成為一個有自理能力的人。學校的角色，在提供廣泛的知識，讓學生自由學習，並強調老師和學生，學校和家庭之間的關係，應建立在合作的氣氛上。

和當地人競爭，進而無法在挪威社會取得有利的經濟地位。眼前挪威放任、鬆散的十年基礎教育，實在有違他們的期望。

同樣的，即便是土生土長的挪威人，對當前的教育政策也不乏懷疑論者。認為過於簡易、淺顯的教學內容，也許可幫助多數小孩在毫無壓力的心情下出門上學，但終究無法滿足其中學習能力較強、吸收能力較快的學生。有些小孩子的智識水準也許早已超越周遭同儕，卻還得跟著所有人一起踩著緩慢的步伐前進。於是，一些學習能力較強的挪威小孩，也紛紛被父母送往國外念書，例如美國、英國或德國，又或者轉學到當地學費昂貴但看得到實際學習效果的國際學校。至少不能讓自己小孩的語言發展輸在起跑點上。就連挪威王子哈康（Haakon Magnus）也是把自己十歲的愛女亞莉珊卓公主（Ingrid Alexandra）送往奧斯陸國際學校就讀，捨棄了當地環境舒適愜意的公立小學。

在不調整當前小學教育內容，同時不增加小學生額外負擔下，一些關切挪威小孩日後競爭力的父母，幾度遊說政府，不如再次降低小學入學年齡。讓小孩五歲就可離開純粹以玩樂為本的幼稚園，或許可為解決之道。但包括挪威教育協會（Utdenningsforbundet）、學生組織（Elevorganisasjonen）和家長教育委員會（Foreldreutvalget for grunnopplaringen）等民間團體，皆齊聲反對這項提議。

一來，這些組織相信最適合五歲兒童心智年齡的教育環境還是既有的幼稚園。在正式上小學前，儘管看上去他們都在玩耍，但幼稚園其實已提供這個年紀的小孩足夠的學習機會。況且，至少在挪威社會，沒有一份可供佐證的報告，證明提早進入小學、將七歲入學年齡下修到六歲，學生學習效果比較好。也沒有人知道「贏在起跑點」這回事，到底能不能為小孩的未來創造更大的競爭優勢。下修小學入學的年齡門檻，以補童年學習內容不足的呼聲，最終在多數家長、學校的反對下不了了之。

不容否認，確實有家長擔心智商稍高的小孩，才能無法在挪威齊頭式平等的教育制度下得到充足的揮灑空間。但挪威社會至今普遍關切的，則是若有小孩跟不上他人腳步，導致其自尊受損，是否將直接影響到這個小孩的心理健康。比起少數個人才華無從早一步展現，避免有人因為先天條件不足而遭體制淘汰，也許更是學校存在的目的。當我們看見挪威基礎教育的本質核心，我們就不難理解，為什麼挪威的小學教育，長年以來很少為了少數資質較好的菁英而進行變革，例如設立資優班等等，因為他們永遠只想著一件事，就是如何創造出一個盡可能滿足最多數人的教學環境，讓學習緩慢者也能安心自在上學。

快樂學習和增加學問兩件事看似有些矛盾，許多歐美教育專家也曾試圖找出兩者間的平衡。只不過，在這之前，我們是否應該先釐清，一個六歲到十歲大左右的小孩，究竟需要具備什麼樣的學識基礎，才有助於日後展開更艱深的學習。一如挪威人強調的，若沒能從小培養孩子健康的心智、開朗的心胸、獨立的思考，他們怎有能力懂得善用自己的才華？當聯合國教科文組織屢屢評鑑挪威學生的平均素質，皆屬世界前段班的表現時，又或者說明了當下他們輕鬆愉快的求學之道，未必沒有可取之處。

重新檢視艾蜜莉的課表和家庭作業，我依稀掌握了挪威教育的取捨標準。他們著重小孩的經驗學習，習得的知識多半能務實地貼近個人日常生活。他們一歲就和父母分房而睡，兩歲開始能夠自己拿著湯匙吃飯。往後每個階段，都會累積出一項足以自我打點生活的技能，甚至包括穿衣、穿鞋，乃至於滑雪、游泳和騎腳踏車，其中穿脫挪威厚重的連身冬季大衣，對小孩來說尤其難度頗高。挪威小孩很多行為舉止，包括自信陳述個人主張意見，熱中嘗試新鮮事物，早在上小學前就已表現得有模有樣。這是即使早早將九九乘法、ABCD字母背得滾瓜爛熟的孩子，也不見得辦得到的事。

學習穿脫挪威厚重的連身冬季大衣，對小孩來說剛開始難度頗高。

更重要的是，挪威小孩偶然表現出個人的學習成就，例如比其他小孩還早懂得自己穿鞋子、可以用更有邏輯的語言和大人對話，以及生活自理能力優於平均水準，等等讓人為之驚豔的成長。這些表現卻很少為他們博得旁人「好聰明」、「真天才」的讚譽。套句挪威家長的慣用語：「童年有限，他們其實不必急著長大。」那麼，識字多寡、算數程度、語言發展，對這些年紀的小孩來說，便一樣沒有急迫性。

話說回來，能夠背誦多少生字，書寫多少句子，如何增強加減乘除計算的技巧，盡可能豐富傳統學科上的種種知識，就未必是挪威家長關切的重點了。「小孩被允許做為一個小孩」，幾乎就是挪威小學教育的標準訓詞。主要用意，正是為了留給小孩的大腦一些想像空間，不要平白讓早期一些填鴨式的記憶，塞滿、或阻卻了他們潛藏於內在任何可能的創造力。比起成績單的分數，創造力當然不那麼具體，甚至有些抽象，我們卻不難從挪威社會的各領域中，推演出這個國家果真是創意十足的結論。

「不要讓孩子的童年過得太過匆忙」，這是挪威官方自一九九七年執行教改，十年之後重新檢視基礎教育內容，在總結報告裡開宗明義的第一句話。他們把這句話當作挪威教育的關鍵力量。和艾蜜莉的一年級生活大致雷同，索菲亞、凱蒂、仙娣和喬瑟夫的校園活動也都是色彩繽紛而充實的。他們從來不會被繁重的課業壓得喘不過氣，不會為了學習五花八門的才藝疲於奔命，也毋須時時刻刻處在少學一分就落後一步的緊張狀態裡。站在我的角度，他們也許在學校「學習」到的東西實在太少，但他們確實是無時無刻都在吸收新知，包括體能的、音樂的、自然界的和生活上的。他們鎮日遊走的「校區」，有時甚至涵蓋整座城市。

當初我個人的求學過程，不過小學階段即有成績排名的壓力。我們再怎麼樣也不可能無視考卷上標示的成績欄位，並以此評量個人智識的優劣。挪威小孩則有幸在快樂學習中，保住了一段轉瞬即逝的美妙童年。

從艾蜜莉喜孜孜和我討論上學的經驗，我相信她絕對不是成天無所事事，在不給壓力的挪威小學，毫無長進地平白消磨時間。未來，或許娜拉也有這麼一天，能以同樣的心情，堆滿燦爛的笑容，完全不理會我正忙著手邊的稿件，放學一回家就聒噪地拉著我講她鮮活有趣的校園生活。

爸拔～我這次考一百分。
哇～娜拉好厲害。
文森，你是不是讓娜拉背九九乘法啊？
對呀！我有空就教她背。
請別再這麼做了。你知道「快樂童年」的教育理念吧！
知道啊！但是學校教的，會不會太少了？
是啊！童年有限，娜拉其實也不必急著長大。
讓娜拉就做個小孩就好，不要讓她的童年過得太過匆忙。

③ ①
④ ②

11. 做自己

你是個什麼樣的人，想成為什麼樣的人，都不是學校、父母該為你設定的答案。挪威老師就是這麼教育他們。

娜拉一歲生日時，即將從十年級畢業的安琪送了她一本立體插畫書，那是安琪自小的珍藏，書的狀況一直維持得相當良好。但一交到娜拉手上，下一秒就被撕破了一角。安琪聳聳肩不以為意，她看多了頑皮、愛惹麻煩的小孩，即使是班上和她同年齡的同學，其中一些人的行為舉止也未必比娜拉規矩。

在自由、放任的學風下，當然不可能期待每個挪威小孩都像天使一般乖巧伶俐。安琪甚至會以「野蠻」形容班上不受管教的學生。他們有的人會在上課時間推擠嬉鬧，或者旁若無人，自顧自地戴著耳機聽音樂；也有人在教室後頭扭腰擺臀隨性跳舞、百無聊賴地拖拉課桌椅，只為發出唧唧嘎嘎刺耳的噪音；甚至突然衝出校外，攔下一輛沿街叫賣冰淇淋的 Diplom-IS 貨車，一口氣買下數十支冰淇淋請班上所有同學吃。被禁止使用體罰的挪威老師面對少數搗蛋鬼，反應通常是莫可奈何。得寸進尺所在多有，竟還有人突發奇想，在教室裡隨意燃燒原子筆、筆記本，並冠冕堂皇辯稱是為了做一項科學實驗。但當時講臺上進行的是堂社會課。

政府社工前往調解學生脫序行為，甚至警察找上門的例子在挪威已見怪不怪。所幸，身處偶爾失控的教室，安琪似乎沒有受到太多干擾。當她向我轉述這幾位同學的惡行劣跡時，心態像是剛看完一場喜劇片，邊說自己還一度笑得合不攏嘴。她自小以當醫生為目標，她的老師們也相信她日後將大有可為。那猶如馬戲團喧嘩吵鬧的課堂，從來沒有損及她個人已然篤定的志向。

「你知道嗎，有時候我們老師還會故意說錯話，或者故意開個玩笑，測試到底有多少人專心聽他講課。」安琪說，有一回自然科老師原本是以正經八百的態度解釋某個科學現象，但做結論時，卻突然丟出一句，「好的，綜上所述，我們得出最重要的一點，就是現在大家立刻從窗戶跳出去。」說完還刻意停頓半晌。數十秒過後，已然神遊四方的學生才發現不太對勁，交頭接耳相互探問，「你有聽到他說什麼嗎？跳窗？他在開什麼玩笑？」就我認知，安琪所處的環境，簡直就是傳統放牛班的典型。

假如有一天娜拉也開始在當地上小學，我想我不會天真地以為挪威校園會如同他們頂上的天空那般清澈無瑕。但我似乎又不必過於擔心，以為學生時代的麻煩人物會一路成為她日後的絆腳石。至少安琪是這麼安慰我的：「安啦，他們有他們的人生，至於我，不也如願進入自己最想就讀的高中了。」

「不放棄任何一名學生」這句話早已如古人口中陳腔濫調的教條，至於要將這席老生常談套用在實際教學，則從來不是件容易的事。我們卻在本世紀的挪威，親眼目睹當地教育正努力走在這條路上。也是從安琪口中，我才曉得挪威搖滾樂界有位名叫哈德森（Edvard Haraldsen Valberg）的超級巨星，他所籌組的樂團「蜜糖小孩」（Honningbarna）聲威響亮，相當受到年輕人喜愛。當哈德森在安琪這個年紀的時候，他的學業成績可謂一塌糊塗。我們無從得知他求學歷程的全貌，不過，他自小患有嚴重的過動症（ADHD），外加腎上腺素分泌過盛，要他乖乖坐在教室裡聽課，對他來說應該相當折磨。以他的情況，自然不可能是學校裡品學兼優的模範生。

不過，或許是挪威式的教育模式，使得學校的存在另有目的。例如除了傳授學生知識技能之外，它極其核心的一環，即在於鼓勵每一位學生都能夠在成年之前，擁有充足的自信，並清楚地認識自我。十年基礎教育對學生的意義，最終並非只是為了篩選出好學生，幫助他們未來申請到一所好大學，以為從此一帆風順，畢業後順理成章領有優渥薪水和享受高水準的物質生活。挪威學生無論學習表現優秀與否，從來沒必要按照標準制式的模板，去評鑑、衡量自己到底符不符合社會或父母的期待。於是，挪威校園也就很難有「好學生」和「壞學生」的分別。哈德森當年遂毋須成天拿著自己最困窘的一面，比方說永遠落後他人的課業成績，去和其他同學一較長短。學校的作用，正是為這些我們經常視為「麻煩製造機」、「討厭鬼」、「調皮蛋」、「不受教」的小屁孩，在各種可能的路徑中找到適合自己的出口。

結束十年級基礎教育，哈德森最終捨棄就讀以升大學為主的普通高中。在校方建議下，他選擇了住家附近一所專司音樂、舞蹈和戲劇的藝術學校延續學業，畢業後再轉至城市裡的音樂學院選修大提琴。在那間學校裡，哈德森從來不被要求必須乖乖坐在椅子上，或者閉上嘴巴專心聽講，反而受到鼓勵，可盡其所能製造「噪音」。數年之後，他在舞臺上濃濃龐克味的曲風表演，很快在挪威搖滾樂界闖出名號，被譽為是少見的音樂奇葩。

純粹的搗蛋作亂，確實無助個人成長。若非當時挪威老師的引導，啟發了一名過動兒的長才，轉而投身可以縱情嘶吼、無一刻需要正襟危坐的搖滾樂，又如何恰如其分地激發出哈德森個人潛在的天分。日後，當他在人前一邊搖頭晃腦拉大提琴，一邊隨著「凍滋凍滋」的伴奏瘋狂擺動身軀，我們以為這名「壞學生」宛如從蟬蛹中破繭而出，蛻變成另一個人。事實上，他也只是幸運找到表現自己原有樣子的機會而已。把哈德森擺在不同教育體系和校園環境，他的人生很可能會有截然不同的發展：能一樣有幸成為一位才華洋溢的歌手？還是退

右：有音樂天分的學生，可選擇音樂學校就讀。
左：好友安琪拉的兒子桑德，國中畢業就以成為職業籃球員為目標。

而求其次，順利避開社會邊緣人的命運？又或者會是個找工作四處碰壁的中輟生？

你是個什麼樣的人，想成為什麼樣的人，都不是學校、父母該為你設定的答案。安琪告訴我，挪威老師就是這麼教育他們。在挪威教育體系之下，基礎教育不過是提供各種可能的管道，盡可能讓學生嘗試，或者自我檢測，一步步勾勒出個人未來的輪廓。依照我們的觀點，對一個十來歲的小學生和中學生而言，放手難道不會是一場冒險的賭注或實驗？但這個國家的大人們，總是相信他們的下一代必然擁有足夠的判斷力，在人生的道路上自我抉擇。話說回來，如果不是為了讓小孩學習獨立自主，自己面對難題，那麼我們又是為了什麼每天大清早把他們送出門上學？

既然鼓勵學生做自己是挪威基礎教育的核心價值，那麼即便在這個左翼、右翼壁壘分明、每位老師各有不同的政治立場的國家中，我們卻不用擔心有任何一位老師、一所學校會試圖影響這些小孩未來應該站在左派或右派的一方。學生們不見得會在小小年紀就有清楚的意識形態理路，因此挪威社會也絕對不會任由學校越俎代庖，將掌權者的價值立場植入學生腦袋。挪威校園並非政治議題的禁地，只是身處歷史變化多端的歐洲社會，挪威學生有先天優勢的地理位置，去挖掘不同國家的基本特徵和異同。同時體驗不同時空背景下，一個國家的政治氛圍如何影響其經濟發展，乃至左右了畫家、作家、建築師和作曲家的創作風格。挪威老師也的確被要求必須要以不帶價值批判的方式，讓學

挪威學生被視為是獨立的個體，除了穿著普遍一致的傳統服飾參加國慶遊行外，挪威學生平常並不需要穿著樣式齊一的制服。

生自行思考左派、右派之間的優缺點，並自我決定觀察的角度。

跳脫政治範疇，關於死刑的論證（挪威無死刑，但社會仍多有討論）、墮胎或同性戀婚姻合法化與否，這些充斥兩極意見的爭議話題，也陸續出現在中學後期階段的課堂上。挪威老師只能站在中立的立場，讓學生取捨個人信服的道理，自己絕不表態，企圖以師長之尊影響學生見解。

「學校的角色，是為促進知識的自由和包容。」這是挪威基礎教育的原則和根基。如果這樣的教學氣氛，是普遍存在於挪威各地校園，我們或許可以更加理解挪威人今天的外在表現：為什麼民眾可以如此冷靜而講道理。尤其這個國家黨派雜多，儘管人人皆具根深柢固的政治立場，但又少有自以為是的偏執。我相信他們的政治信仰多是經由思考而來。因為理智的根苗，很可能是在他們年幼時的十年基礎教育課程，就已受到良好栽培。

安琪的校園生活燃起了我對挪威教育的好奇。為此，我還特別約訪了就讀另一所學校的蘇珊娜，得到的資訊有高度的一致性。蘇珊娜的老師曾在課堂上告訴自己的學生：「你們每一個人都是獨立的個體，沒有必要為了滿足別人的眼光而扭曲自己。」蘇珊娜說，把這句話執行得最為徹底的，其實就是他們學校的校長。他們學校那位女校長總是奇裝異服，天天穿得像個喜劇演員，每隔一段時間就會染上不同顏色的頭髮。儘管這位校長曾經以粉綠色外衣搭配鵝黃色短裙，頂著一頭紅髮，於頸部繫上鈴鐺再套上紫色長袍，大刺刺在學生面前亮相，如此奇裝異服，卻沒有人覺得她發神經。雖然有學生在她面前忍不住驚呼：「天啊，校長，妳的裙子短到我都快看到妳的底褲了。」這位校長仍不以為意，每天持續搞怪登場。學生們都很喜歡她，理由當然千奇百怪，又或者大家其實心底都明白，這位校長為了身體力行「做自己」，果然是用心良苦。蘇珊娜就讀的學校，還有位特立獨行的老師，他的兩隻手臂滿是刺青圖騰，開學第一天和學生初次見面，他便直截了當對班上的新生說：「請不要從我的外表評價我，請在乎我到底能教給你們什麼。」

關於安琪和蘇珊娜這個年紀所接觸的挪威教育，很重要的一個環節在於建立「每個人都只需要扮演自己」的觀念。也許過程中，不是每位學生都能快速獲得啟發，順利找到人生努力的方向，或者年紀輕輕就能遠眺自己希求的是什麼樣的未來。也許有人領悟得快、有人理解得慢，即使是課堂上調皮搗蛋的一群，我們都毋須質疑他們能否也為自己開闢出一條有別於他人的道路。就像曾被視為校園頭痛人物的哈德森，如果要他勉強自己模仿像安琪、蘇珊娜一般乖巧的學生，今天他恐怕早被遺忘在社會的某處角落。

看著娜拉，我語重心長默默地對著她允諾。「我會盡可能豐富妳的世界。我也許會不由自主揣想妳的未來，但絕不會期盼妳能滿足我的設想。妳也毋須滑頭地去討好所有人，包括我。不要為了成績、分數衝刺，而是為了妳相信的價值，至少，妳要懂得開心地過日子。」這是挪威老師對一名十三歲、八年級小朋友曾說過的話。離開挪威，我始終銘記在心，因為對妳來說一樣適用。此外，我也會努力避免以我個人過去有限的經驗，框限了妳任何可能的發展，或者企圖把妳變成另一個我。

在這之前，親愛的娜拉，請妳先將安琪姐姐送妳的立體插畫書從嘴裡吐出來啦。

12. 下一步

我們需要有人造橋鋪路、蓋房子，也需要記者、律師、醫生和科學家，如此才得以建構出一個有效運轉的社會。

當我們把挪威教育的焦點擺在無壓力的成長、快樂的學習和做自己，我相信很多人可能會誤以為挪威父母難道不在乎子女往後的人生前途？或者學校的功能好像只在提供團體娛樂？實際情況倒也沒那麼不切實際。

一個人將來想當醫生、科學家、畫家、音樂家、運動員、工程師、廚師或理髮師，本來就各有不同的發展軌跡。從幼稚園開始，至十年基礎教育結束，挪威學校的角色其實有如一組分流機制。透過不同階段的訓練，逐一幫助學生發現各自的天賦本領，而後再協助他們朝那條屬於自己的道路前去。只不過這樣的過程，不見得一定要被繁重的課業和數不清的考試壓得喘不過氣。

絕大多數挪威學生在結束基礎教育之前，或多或少都已能預想出自己成年後的角色位置。一旦子女有能力掌握自我方向，父母就毋須太過擔憂他們未來有沒有出息。這是挪威校方和家長們關於育兒之道的共識。因此，「十五歲」對我們來說，也許還是個需要父母隨侍提醒的懵懂少年。但在挪威，這個年紀已然責任重大，必須為自己即將邁入成人做好周全準備。

以當醫生為目標的安琪，最後如願進入「奧斯陸大教堂學校」（Oslo katedralskole）。那是通往醫學院必經的前哨站。這所擁有數百年歷史的古老高中，造就國家菁英無數，學校相當滿意畢業生的表現。長年以來，奧斯陸大教堂學校即以「為積極的學習者提供

不少挪威政界、商界菁英出自奧斯陸大教堂學校。

最適當的環境」自詡。近代挪威多名政府高官、國會議員、科學家和經濟學家，多曾受奧斯陸大教堂學校栽培。但儘管奧斯陸大教堂學校的地位猶如我們印象中的「明星高中」，其校訓：「讀書的目的不是為了學校，而是為了豐富自己的生活。」(Vi larer ikke for skolen, men for livet）則依舊不脫典型挪威風格。

安琪是在九年級即將升上十年級時，收到學校開出的一張清單，上頭羅列了挪威各地不同高中的簡介。有些高中主要吸引對科學、醫學、理工有興趣的學生入學，有些則以文學、歷史、政治專長為號召。當安琪告訴老師她未來想當醫生，老師便從中為其挑出合適的選擇。學期結束前，再安排讓安琪有機會參訪那幾間學校，這是挪威學生九年級後的重要一步。原本從小一起長大的同班同學，很可能自這一刻起就意識到彼此終將要分道揚鑣。不過，大家都是抱著雀躍的心情期待新環境，因為那意味著，即將會有更多志同道合的夥伴。

同樣的步驟，進入十年級將再循環一次。這是顧及有些學生或許志向稍有調整，於是可在十年級時重新斟酌，轉而爭取到不同的學校參訪體驗；但或者經過一年深思熟慮，也有學生益發篤定最初的抉擇。安琪說，她之所以想當醫生，應該是從小受到日本漫畫家手塚治虫《怪醫黑傑克》的影響。一開始我有些詫異，這也能算是理由？但學校老師卻不認為此類動機毫無參考價值，還鼓勵她「不妨就以此當作努力成為一名醫生的想像和熱情」。安琪兩度參訪奧斯陸大教堂學校，裡頭再也沒有調皮搗蛋的學生，舉目所及多屬安分守己的「同類」，於是升上十年級的安琪不改初衷，非這所學校莫屬。

我不敢確定，如果有一天，娜拉告訴我她未來職業的選擇，竟是受到某本漫畫的啟發，當下我是不是會認為她太過天真，考慮有欠周詳，然後直接退回她的意見，請其三思而後行；又或者，我會提早一步，為其篩選漫畫內容和所有讀物，避免她產生偏差的願景？

假設她的目標和我的意見未顯衝突，我是不是會據此和她針對這項職業，更具體地衡量利弊優劣，比方說工作地點、時間、環境、待遇和前景。還是我其實十分懷疑一個十五歲大的小孩，究竟搞不搞得清楚什麼才是未來會喜歡的工作。

一個把大半時間用於快樂學習的教育環境，他們如何確保一名十年級學生，能以個人青澀的思考去面對複雜深奧的成人世界？我們很清楚《怪醫黑傑克》的故事情節是何等超脫現實。醫院、診所裡每日上演的真實醫病關係，以及社會上任何一類醫師的工作，都不可能吻合這部漫畫的劇情。那位老師或許該敲敲安琪的腦袋，因為這和一個五歲大的小男生，在兒童樂園玩了幾趟海盜船就說自己將來想當船長一樣，純然只是童言童語、突發奇想。

不過，我終究沒有潑安琪冷水。而是決心好好拜讀一部講述挪威十年基礎教育的報告書。如此煞費苦心，當然是想瞭解這群挪威人究竟葫蘆裡賣什麼藥。如果娜拉真的得在這裡就學，我真能放心把教育小孩的重責大任託付給這群挪威人？

直到看到這部報告書中的一段，關於「工作」一詞的定義，我想我似乎忽略了某個環節。挪威教育並非完全無視學生未來的出路，好像以為每個人一輩子不必努力，就可以無憂無慮過日子，從小到大只做自己開心的事，從來不需要顧及現實生活。然而幾段文字，就已清楚表明了他們另有教學立場。報告書中提及，關於學生未來工作、職業的選擇，挪威教育主要的目的在於讓學生理解「工作的意義不光只是為了養家糊口，還是個人性格的自我檢視。教育的過程，應該是讓學習者認識世上不同種類的工作，並賦予必要的知識和技能，好讓學生有機會藉此表現自我」。

既然工作是為了表現自我，於是，我們又回到挪威「做自己」的課程章節。當地學校教育的程序，多是讓學生先認識自己的長才，找出自己的興趣，再以此轉換成為想要勝任某種職業的動力。但在這之前，學生總是得先知道自己究竟是誰。結束基礎教育之後，就是為了實踐目標持續培養有用的技能，而不是在自己都還不清楚個人志趣之前，隨著群體浮沉。如此也就不會理所當然地順著考試晉升系統和升學制度，一路直到踏出社會謀職，才頓然發現學非所用，以至種種工作內容皆與自己原本的心性志趣互相違背。

安琪的老師所察覺到的，應該不是《怪醫黑傑克》本身究竟能否對一個有心從醫者帶來正確的知識，而是安琪確實被故事內容觸動，進一步對浩瀚的醫學世界表現出高度熱忱，那才是確保這份工作未來不會抵觸其本性的關鍵。

蘇珊娜的選擇和安琪大不相同。十年級畢業後，她不想就讀為升大學而設的普通高中，而是希望進入地區藝術學校。因為她將來想當一名以畫畫為業的工作者。在蘇珊娜做出選擇之前，學校老師只告訴她，「未來『工作』將占去妳人生的大半時光，因此，請務必找出一個會讓妳每天都期待去上班的職業。那麼，妳想做什麼，都好。」

基礎教育自八年級開始，課業逐一加重，課堂考試比例也跟著提高。一年至少有一次冬季考試和春季考試，考試的成績關係到十年級畢業後申請挪威高中（Videregående Skole）是否具備有利條件。另外還得額外下功夫準備口試，它將檢測你有沒有符合一名高中生該有的意見表達能力。

安琪說：「我的成績好，選擇當然就多，所以我是為我自己的未來而念書。」我轉過頭望向娜拉，一陣沉思。究竟要在什麼樣的教育體系之下，妳會在十五歲的時候說出同樣的一番話？直到進了高中，安琪和媽媽之間仍有許多小女生和母親間獨有的親暱舉動，就像娜拉對葛羅莉亞撒嬌的模樣。但當安琪有條不紊為我解釋挪威教育的細節過程，則又談吐穩健，已然是個成熟的大人。

當然不是所有學生長大後都想當醫生。奧斯陸大教堂學校雖然校譽崇隆，也不見得能對其他同學產生吸引力。自基礎學校畢業後，在羅阿小鎮（Røa）謀得一份汽車修理技師工作的亞力山卓，便毫不遲疑選擇了挪威技職學校（Yrksfgliuje）就讀，而非填寫如安琪所念的普通高中（Studiespesialiserende）為志願。基礎教育抵達終點，由此開散出分支，一部分學生喜於手作，如花藝、農牧、廚師、車廠和房屋技工，就轉往技職學校學習專業技能，欲升大學者，便會填選普通高中。

我們或許又會掉入一項傳統的觀點和評價，以為技職勞力工作，都是「不愛念書學生」的救生艇；以為念普通高中，未來有望升上大學者，皆為準社會菁英。因安琪之故，我認識了她圍棋教室的兩位棋友艾文和史蒂芬。這兩人從幼稚園開始就是莫逆之交，成年後彼此迥異的發展，則又恰恰提供了我們深入理解挪威模式的鮮明例子。

艾文從小對電腦愛不釋手，求學期間成績奇差，對升學之路興趣缺缺，高中畢業後立即向當地一家小型電腦公司投遞履歷。幾年過去，他已一躍成為日進斗金的電腦工程師。我們初次見面那天他剛滿二十八歲，同年的史蒂芬當時則是奧斯陸大學的語言學系碩士生。除母語之外，史蒂芬還能熟練使用英語、華文以及日語。和艾文的差別在於他年近三十仍兩袖清風。

挪威人相信，一個國家必須依靠不同行業的人共同建構。

這兩位朋友的所得有著明顯差異，卻沒有讓史蒂芬感到困窘。在拆解不同國家語言的文法結構時，是他最為滿足也最為自信的一刻。「成就」兩字的刻板定義在他身上因而重新改寫。然而僅有高中學歷，也沒有讓艾文出現社交障礙，他和幾位高學歷的朋友往來，態度從來都是神色自若，不因為自己學歷不高就理所當然在人前自降一截。他縱情於編寫電腦程式，知識基礎多靠自修而來。他的滿足感和成就感來自於把個人的興趣成功進化升級為謀生的技能。而我之所以知道艾文薪資優渥，那是安琪私下偷偷透露給我的訊息。

艾文和史蒂芬這對哥倆好際遇的不同說明了挪威教育的其一方針，意即「教育的目的在挖掘學生的天分和興趣，以此為他們自己未來的事業基礎」。艾文始終走在自己擅長的道路上，多虧基礎教育階段他沒有被歸類為後段班學生，以為非得加強課後補習才能挽救成績。這讓他少走了許多冤枉路，才能有機會早一步實踐自我。史蒂芬挑選冷僻的語言學研究所，顯然也不甚在乎語言天分能為自己帶來多少薪水收入。

天真之餘，我們可能也不能忽略挪威人底蘊裡的北歐民族務實性格。教育範疇亦復如是。在挪威社會的人才養成觀念中，學校向學生投射出的訊息是：「我們需要有人造橋鋪路、蓋房子，也需要記者、律師、醫生和科學家，如此才得以建構出一個有效運轉的社會。」如果我們在乎國家整體發展，那麼，真正務實的教育，不就是盡可能為這個國家培養各式各樣的人才。而不是窮盡教育資源，只為了以一套所謂「成功人士」的制式模版和途徑，不斷複製出同一類價值觀的人，並以此剔除掉不符合這項遊戲規則的「失敗者」。

當教育的過程受功利主義所引誘，最大的傷害，就是逐一模糊掉個人原有的天賦和志趣。以為擠進窄門之後，前方必然就是康莊大道。也難怪在到挪威之前，我所處的生活周遭，很多人到頭來都是抱持忍氣吞聲、天天想跳槽的心態出門上班。熱情、興趣若不存在於工作之中，對挪威人來說，會是很可怕的事。

繞了一圈，我重新假設娜拉拿著一本漫畫，告訴我她想成為裡頭的主角，並以此當作現實工作的目標。如果她當時是一名十年級的挪威學生，一個已然接受過獨立思考訓練的青少年，一個懂得處事懷抱熱情、興趣，更勝於算計利益所得的孩子，我想，我應該會很樂見她滿心期待地用她自己喜愛的方式去經營自己的未來。

奧斯陸市政廳外的人像雕塑，分別代表了這個國家不同領域的勞工職業。

13. 手工活計

在這個高度平權的社會，沒有人會存有茶來伸手、飯來張口的奢望。很多事情必須自己來，或者和另一半合作。無論男孩、女孩都得學習做菜、縫紉和打毛線。

又到了十年一度的房屋整修期。在挪威，由於平均屋齡高，住戶約十年進行一次整修，朋友馬丁情商已上大學的兒子約翰回家幫忙。老爸這次交付給兒子的任務，可能比約翰小的時候稍微吃重一點。約翰得負責整間房子的粉刷工程，包括上下總計三層樓的全室牆面，以及環繞住家的前庭、後院，年久失修、斑駁掉漆的白色圍欄。如此一來便省下了一筆聘請當地粉刷工人的工資，剛好可挪用做約翰本學期市區租屋的費用。

自己動手整修房子，不光是為了減少開銷，一直以來也是挪威人普遍的家庭生活常態。當地小孩在成長過程中，常有機會從旁見習父母在家示範各種手工活計。成年離家之前，他們多少也在耳濡目染下具備了修繕房舍的基本技能，日後甚至還會藉由這些勞動調劑身心、紓解壓力。比如說住在卓巴克小鎮、已年逾七旬的勇，在好友馬丁找兒子一起粉刷房舍的同時，他也正好在著手擴建室外陽臺，但勇從頭到尾堅持自己拴梁鋸木。太太佩姬認為勇的體力早不堪負荷這些粗活，但屢勸不聽，最後乾脆自己跑去西班牙度假，圖個眼不見為淨。勇反倒更加自得其樂。

我們印象中屬於非主流課程的家政課和工藝課，在挪威的基礎教育階段，卻被視為是訓練一個小孩獨立自主的核心課程；和家長修繕房屋的身教，可謂相輔相成。

進入小學之後，挪威學生所受的教育，已不似幼稚園時期那般著眼於玩樂，而是盡可能提供充分的知識和技術，以活用在他們的日常生活中。家政課的設計，便是一路從製作簡單的餅乾、果醬，逐步引導學生瞭解各類食物和人體健康的關連；並學習分辨蔬菜、水果的種類，以及什麼樣的飲食習慣和生活方式有益身體健康。

他們漸漸懂得廚房裡不同器具的用途和正確使用方法，以及為什麼有必要回收廚餘。八年級開始，他們就能照著食譜中的流程步驟嘗試自己做菜。除此之外，男孩、女孩都得在學校裡學會縫紉和織毛線的技巧。好友芬恩移居挪威的第十年，收到的生日禮物便是五年級兒子為她親手編織的毛線帽。兒子精巧的手藝便是從學校家政課學來的。父母的身教因為家庭生活形態各有不同，教育的內容難免無法全面顧及，學校的功能便是在補其不足。

「我和弟弟」是一位十五歲大男孩利用暑假完成的木工作品。

至於工藝課，上小學之初，最先只是讓學生製作裝飾用的美勞作品。之後其知識和技巧，將進化為利用手邊的材料，自行製作居家器物。我到安妮家作客時，餐廳角落正好擺著一張木製小板凳。那是她讀小學時的第一件作品，如今則是女兒艾蜜莉吃飯時的專用椅子。儘管年代良久，木製的板凳依舊散發著原木的清香。

直到今天，許多挪威家庭仍珍藏著代代相傳的手工藝品。

安妮家的客廳牆上還掛著一具美輪美奐的鐵製燭臺，它原來也是安妮的童玩，經她改造而成實用的現代化家飾品，製作過程運用了切鋸、焊接和拋光等種種我一竅不通的工藝技巧。當我探頭望向客廳窗外，見到沿著後院一處施工到一半的枕木陽臺，我隨口一問：「這偌大的陽臺該不會也是妳的傑作吧？」安妮說：「沒錯。累死我了，但下回你們來，應該可告完工。」

自從移居挪威，我便非常後悔當年總是以漫不經心的態度應付工藝課。事實上老師們對這堂課從來也沒有太多要求，經常將它開放給學生自習，或者用於準備下一堂考試。回溯青春記憶，我甚至不記得自己在那滿是奇形怪狀工具的教室裡，是否曾留下任何一件代表作。如今我可能連設計一張椅子都不知從何下手，偶爾組裝瑞典品牌IKEA的家具，已算聊表安慰。

我之所以悔不當初，正因為居住在這幾乎沒得商量的高物價社會，很多情況我若能動手自行解決麻煩，便可免去許多無謂的花費。你很難想像區區疏通馬桶這樣一件事，當地工資竟然就要五千元臺幣。環境使然，無怪乎多數挪威人總是知道如何更換鬆脫的銅製門把、壓合牆緣翹起一角的踢腳板、修補破損的沙發扶手，以及找出閣樓漏水的原因。也許挪威人並不認為那全都是小事一樁，但非必要情況下，他們甚少假他人之手。

撇開近年為滿足新移居的外地人而在各區域大興土木的新式公寓，奧斯陸普遍屋齡都已超過八十年。在我居住的弗格納區，有一整條街的公寓年歲皆在百年以上。你不可能寄望搬遷入住任何一間房舍，能夠長年相安無事、高枕無憂。我正是屢屢為了這些老屋子層出不窮的問題傷透腦筋，最後通通都是花錢了事。然而好友安迪甚至有辦法自行拆裝房間的一扇鋁製氣密窗。一星期內，又技巧熟練地鋪設好住家地下室五坪大的木地板，且一併換掉它通往院子的後門。工程浩大，豈是偶爾玩票組裝IKEA家具的人可以辦到的事。我對他精湛的技藝嘖嘖稱奇，他則對我凡事花錢請工人代勞，感到相當不可思議。

假若仔細認識挪威學校工藝課的內容，他們似乎又不僅僅為了傳授學生製作桌子、椅子的技術。在務實面的知識技能之外，其實還隱含了一些抽象的訓練。例如在動手操作工具之前，他們得先培養個人對日常生活用品的觀察力，並盡可能發揮自己的想像，去創造一個擁有獨特風格的居家器物。儘管只是一張板凳。我們或許以為，兼具實用與人性的北歐設計品，是因為設計師多受過高等教育的專業知識訓練。事實上，挪威基礎教育賦予工藝課的任務之一，就是激發學生的想像力和創造力，並在引導他們創作的同時，也兼顧契合常人使用的習性和實際生活所需。一刀劃下，即能均勻切割出一片薄薄起司的起司專用刀，正是數十年來普遍獲得北歐家庭青睞的挪威發明。它的操作原理看似平凡，但在它被發明問世之前，挪威人可沒那麼容易就吃到薄片起司。

除了實際動手之外，他們還得先觀摩不同設計師、藝術家的作品，以刺激個人發想，而後將其運用在色彩的調配和造型設計。於是，學校的工藝教學除了訓練挪威人普遍的生活技能之外，也使那些出於非專業人士之手的工藝作品隱約帶點藝術成分，例如安妮家的那具燭臺。當中有些人也確實受到工藝課啟發，日後一步步成為頂尖設計專家，又或者決心投身此地求才若渴的建築業，以動手蓋房子為樂。

眼前所及，擺放的皆是挪威小朋友的勞作品。

安妮和安迪的家，像是挪威學校家政課和工藝課的活教材。每回造訪，安妮和艾蜜莉都會送上她們母女最新研發的烤麵包、小餅乾或五顏六色的糕點。安迪則野心勃勃，打算自行擴建住家最底層的臥室。龐大的工程之一是，他將拆除床頭後方的一堵牆。看來挪威基礎教育中的這兩門課，確實替每戶家庭訓練出了不少工藝家和美食家。不過，當我以為家政課和工藝課純粹只為協助解決家務事，或者間接觸發一個人的藝術潛能，挪威人的想法卻又不是那麼簡單。

家政課和工藝課之所以受到挪威校園的重視，主要還是為了培養小孩獨立生活的能力。在挪威人日常生活中，家裡廚房的使用率極高，除非是週末假日外出消遣才會在外用餐，因此多數人都得具備一些基本廚藝。這也是每個小孩成年後，準備離家自食其力時，首要具備的本事。學習工藝，也是同樣的道理。它讓挪威人自小建立自己解決問題的責任感，他們預想每個小孩長大後都會自立門戶，又或者另組家庭。因此他們確實有必要為日後的單身生活，乃至夫妻生活預做準備。

在這個高度平權的社會，沒有人會存有茶來伸手、飯來張口的奢望。很多事情必須自己來，或者和另一半合作。無論男孩、女孩都得學習做菜、縫紉和打毛線。如果這個社會是如此一視同仁，那麼操作榔頭、螺絲起子，以扳手敲開桌椅支架的工作，女孩們也將無從示弱。這同時也提供了挪威小孩男女平權的機會教育。況且，在製作點心或者炒一道拿手好菜之前，我們也得學會購買材料與估算成本。當你企圖自己動手修繕桌椅時，你也得衡量它所必須付出的代價。於是這些事又間接訓練了財務管理、熟悉物價，同時必然也得懂得善用家中既有資源。學習承擔責任，體認男女平權，我之前完全沒料想到，挪威的家政課和工藝課居然帶有這分嚴肅的內涵。而這確實是當時挪威教育部設計這兩項課程的基本主張。

安琪曾告訴我，申請高中時，在校學習成績會是左右錄取與否的依據。假若你有心上大學，打算以奧斯陸大教堂學校為跳板，則九年級起的烹飪課表現最好能經常名列前茅。當時我半信半疑，申請一所普通高中，怎麼還需顧及個人烹飪技術？

如今我終於可以理解，成長於挪威社會的高中生，已是準成年階段，如果還沒有自行料理三餐的能力，那就無法被視為一個真正獨立的人。烹飪課不及格，上了大學恐怕也是自找麻煩。挪威大學生的宿舍並不附設學生餐廳，附近商家多在傍晚打烊，僅剩販售食材的超級市場，外食根本是和自己荷包過不去。所幸每位住宿學生都有共用的廚房。如果連簡單的義大利麵都懶得動手，那就等著天天餓肚子。繼續依賴家中父母提供伙食？我想沒有任何一個挪威大學生會希望自己被同班同學看做是「Baby」吧。

一歲半的娜拉正值模仿力旺盛的時期，她會在廚房裡纏著媽媽，還會將廚房用品搞得翻天覆地以顯示個人的投入和參與。在我使用吸塵器清理客廳地板時，她會躲在沙發後頭看著我如何操持那頭「怪物」。儘管娜拉的初步學習，總是為家裡平添混亂和製造反效果，但也不會阻卻我未來教導她修理水管的企圖心。另外她可能還得知道如何疏通馬桶、刷油漆、換燈泡，或者更換汽車輪胎。廚房裡的教育，另有媽媽負責。

我打算傳授她生活在挪威家庭所必須具備的每一項技能，就像我來到挪威才開始學習的那些事。然後，她可以像個挪威人一樣，或說像個挪威女人，不用連鑽個螺絲孔或換盞燈泡，都得急催男友前來幫忙。生活上，她終將毋須依賴旁人，單憑自己的本事，便足以應付一切。

我想當醫生!
高中畢業後想念設計!
爸～～
我畢業後
想念設計。
嗯？妳不想當醫生啦？念
設計很好啊，但要不要念
工業設計？比較好找工作
。
不好找工作嗎?
我並不是完全沒想過要
找好的工作；不過，我
終究希望能照著我心底
真實的想法走。

③①
④②

14. 成年禮

挪威舉國投注的教育資源，是以訓練個人的獨立人格為本意。所以十五歲後，便天高任鳥飛，毋須擔心徬徨少年就此誤入歧途。

娜拉剛出生時，安家的母子三人，是第一批到醫院探訪葛羅莉亞的朋友。安的女兒魯娜和兒子賽夏是相差五歲的姊弟，為了誰可以先抱娜拉出現點爭執，最後是姊姊禮讓給弟弟。身為么子的賽夏得意洋洋，迫不及待想在娜拉面前擺出一副兄長之尊的模樣。

娜拉滿月後，我們受邀到安家做客，賽夏依舊對娜拉「愛不釋手」，但魯娜那天似乎為了其他事情煩心，不斷進出自己的臥室，或對著餐廳裡那面全身鏡子端詳半天。看得出來她臉上塗了些淡妝，服裝穿著顯然也是下過功夫精心打扮。安趁機偷偷告訴我們，原來魯娜為了晚上即將在同學家舉辦的派對，大清早就團團轉忙個不停。

傍晚時分，魯娜匆匆丟了一句：「媽媽，我出門了。」當她正準備踏出家門口時，原本在廚房和娜拉玩得不亦樂乎的賽夏，立刻衝到姊姊面前，以相當嚴肅的口吻提醒魯娜：「記得喔，爸爸說過，和同學出去，十點以前就得回家。」魯娜不以為意地說：「是這樣嗎？但媽媽說我今晚十二點前回來就行了。」賽夏轉過頭看了安一眼，安以略帶安撫的表情點了點頭，意思是姊姊說得

娜拉剛出生的時候，安家的母子三人，是第一批到醫院探訪葛羅莉亞的朋友。

沒錯。賽夏於是抓著媽媽的衣角，瞪大眼睛質問：「為什麼姊姊可以這麼晚回來？」安未置一詞，一腳已踩出門外的魯娜則仰著頭，挑釁地對著弟弟說：「因為我和你不一樣，我已經不是『小孩子』了。」「碰」的一聲，留下一臉木然的賽夏。

過了這個夏天，魯娜將升上十年級，當地法定成人的年紀雖然是十八歲，但依照挪威民情傳統，一個年滿十五歲的十年級學生，便可完全視同一名成人對待。魯娜那晚參加派對的主題，就是幾位同班同學為了「告別童年」而辦。自十五歲起，無論挪威男孩、女孩，他們將學習為自己的行為負起責任，不再凡事依賴父母。而獨立自主的內涵不光局限於整理自己的書桌、打掃房間，或選定穿著打扮，也得試著自我規劃大好青春的下一步。猶記得娜拉剛出生那天，醫院護士這麼告訴我們：「從現在開始，你們不要以為生下小孩就可以休息、鬆懈了，到她十五歲之前，你們會有忙不完的事。」當時為了迎接娜拉忙得暈頭轉向，不解其意，現在終於明白為什麼會是「十五歲之前」。

從小孩出生，到送往幼稚園，而後進入十年基礎教育。一個小孩究竟能在學校裡累積多少知識，挪威人似乎並不心急，而是將絕大多數時間，用於培養子女自理生活的能力。當地人加諸小孩身上各階段的成長訓練，似乎就是在為他們十五歲這一刻做準備。

娜拉出生後的隔年，漢斯來信告訴我們他恐怕無法參加娜拉的週歲慶生，因為同一天整個家族要為他的女兒阿曼達舉辦成年禮。印象中活潑外向的阿曼達仍一臉青澀稚嫩，很難想像她一夕之間就被當成大人看待。

從漢斯和安的口中，我們可以發現挪威小孩的成長歷程，也許細節略有殊異，但大抵經驗仍相當一致。幼稚園時期，挪威父母不會替小孩提書包。稍微懂事後，便開始教導他們自己穿鞋子、穿衣服。最麻煩的，是要讓他們懂得正確地把自己小小的身軀塞進厚重的連身雪衣。兩歲開始自行餵食。唯獨考量身體機能發展，挪威人不鼓勵太早讓小孩戒除尿片。學校老師很少介入三至五歲小孩在衣食方面的行為表現。儘管很多時候他們礙於技巧不夠純熟，經常打翻碗盤，或者怎麼樣就是沒辦法將雙手套進襯衫袖子裡，進而耽誤不少時間。但多數家長還是希望老師放手讓他們嘗試，否則小朋友可能永遠也學不會這些基本的日常生活技能。

漢斯一家屬於中高收入的挪威雙薪家庭，他們絕對有能力給予子女優渥安逸的生活。不過，和多數父母一樣，自阿曼達升上小學後，他們便極少開車接送阿曼達上下學。反而是阿曼達會自己踩著滑板車出門，衝在前頭，讓漢斯在後頭苦苦追趕。挪威學

印象中活潑外向的阿曼達仍一臉青澀稚嫩，很難想像她一夕之間就被當成大人。

校多位在住家步行可到的距離，因此八年級後，一到夏天阿曼達便改以腳踏車做為往返學校和住家的交通工具。十三歲升上八年級開始，法律則容許未成年的挪威學童偶爾打些零工，地點多半在校園內的餐廳。工作內容也許是在收銀臺結帳，或者擦擦桌椅。儘管所得有限，至少他們可以不需要再向父母伸手討零用錢。

來到挪威之後，我們多了許多機會到郊外健行。偶爾我們會在挪威的森林裡撞見擺設在路旁的簡陋攤位。有一回是年紀約莫十來歲的小女孩，熱情地向我們推銷自己沖煮的咖啡，桌上同時鋪著幾片造型不甚美觀的自製果醬麵包。除此之外，她十分樂意為往來遊客親手烤上一塊熱烘烘的鬆餅。詢問之下，這孩子是受父母鼓勵，趁著週末假期在森林裡提供旅人簡單的飲食服務，以此賺得幾枚銅板，好拿去買冰淇淋。直到今天，挪威家長對這類「擬真式的扮家家酒」仍樂此不疲，並藉此教育小孩有付出、才有收穫。

初來挪威第一年，我騎乘登山車打算環繞奧斯陸水源區蔓蓮湖（Maridalsvannet）。在一段山坡道上，我向一名小男生買了塊手工小蛋糕。因為人生地不熟，便隨口問問這名小男生對附近錯綜複雜的車道路線有沒有什麼好建議。只見他一臉靦腆，敷衍了幾句話就草草把我打發。兩個月後，我又在同一地點遇見他，他與人互動的方式，已然落落大方。這也是挪威教育的特色之一，永遠鼓勵學生不斷嘗試和學習，去摸索出個人應對外界的方式。哪怕會犯錯，都能因此建立自信，日常生活就是最好的學習領域。此地山林廣布，出門擺攤的小學生對形形色色的旅人而言就像客棧，而對學生來說也是一種很有效的人際溝通訓練。

娜拉出生後因環境使然，我們總是盡可能採用挪威人的教養方式。這讓我們有機會和挪威人站在同樣的基礎點，去觀察自己小孩每個時期的發展變化。也許多少仍受制於過往思維模式，我們還是不免會產生習慣性的想法而有所取捨。例如冬天把小孩留在室外睡覺、一歲開始讓他們徒手抓桌上的麵包吃、任由這群小野獸把自己全身上下弄得骯髒透頂，或者不加遮掩地當著大庭廣眾哺育母乳。諸如此類育兒小節，我們未必照單全收，但關於挪威人培養小孩獨立性的教育模式，我們倒是很努力比照辦理。

自娜拉滿週歲起，對於眼前世界，她已擁有愈來愈清晰的認知圖像。關於個人欲望、需求的表達也益加明確。透過玩玩具和簡單的遊戲過程，她逐漸顯露出她獨有的個性。她幾度任性地把食物丟到地上，拒絕配合我們的指令，進入牛脾氣的階段。她的自我意識愈加明顯，一旦某些行為受到大人制止反對，挑戰的意圖就愈強烈。

無論她究竟聽不聽得懂，我們開始試著和她溝通，明示她的行為是對是錯。我們總是盡可能堅持著我們為她立下的生活常規，當然我們也有不得不退讓的時候。藉由和父母屢屢發生衝突所累積的經驗，挪威人相信這對年幼的小孩來說，亦是有意義的社會化過程。

周而復始，我們不斷地反覆操作同一件事，度過無數既疲累、沮喪而又驚喜無比的每一天。我們應該很清楚，付出一切代價所換得的，不就是等待有朝一日她能完全獨立自主，不再需要為人父母事事耳提面命。那麼，經過十五年的調教，我們難道還會懷疑她沒有辦法如大人般，在所言所行上自己擁有一套成熟的思考和判斷？

在挪威基礎教育階段，有一堂課稱為班長課（Elevrådsarbeid）。那是為了那些受班上同學推舉為班長者所開設的專屬課程。各班級的班長，每週會固定集合在某間教室，由老師教導他們如何舉辦活動以及為同學發聲表達需求。假設同學們覺得學校提供的伙食太差，身為班長又該怎麼代為向校方反應。在挪威校園，「班長」並非老師的小幫手，任務只為傳達師長的指揮命令。他們的立場，其實更趨近於同學的一方。他們得練習站在同學們的處境，代表大家向老師或校方爭取權益。這同時也是挪威學生人格獨立養成訓練的其中一環。

此外，在所有學生都會接觸到的社會課（Samfunnfag）上，挪威老師著重的教學內容，亦在培養學生獨立思考和自主性。即便是宗教課，他們也鼓勵學生自由辯證，課堂上對價值討論的重視往往多於背誦教義經典。安琪曾告訴我，九年級起她最喜歡的課程就是宗教課，但非關個人宗教信仰，而是她可以在課堂中充分表達自己的想法。

我曾好奇地問過安琪，在挪威左派、右派壁壘分明的政治氛圍中，她有沒有個人黨派好惡。當時這位未滿十五歲的挪威小女孩，竟以不帶閃爍疑惑的口吻，明白告訴我她就是個左派。回答得很俐落，一點都不模糊。安琪之所以具備個人清楚的意識形態，我想這是因為挪威基礎教育後期，便十分鼓勵學生應該主動熟悉，乃至去接觸某些政治團體，因而他們很早就能找到自己支持的政治觀點。我們總以為政治是大人的專利，但對挪威學生而言，他們可能甚早就有能力理出個人的價值觀，並區別出自己是左派還是右派的支持者。

挪威保守黨（Høyre）主席俄娜・索伯（Erna Solberg）如願在二〇一三年成為國家史上第二位女總理。但比起右派女性政治明星索伯的奮鬥過程，安琪更欣賞七歲就決定支持工黨的挪威首任女總理格羅・哈萊姆・布倫特蘭（Gro Harlem Brundtland）。和安琪同年的魯娜，亦是十五歲不到就能清楚陳述個人政治主張。有回魯娜和安到我們家做客，才進門安便興奮地向我們宣布：「我女兒昨天正式加入綠黨（Miljøpartiet De Grønne）了。她跟我說，她認同綠黨環保至上的理念，因為她認為人類不應該為了短視的利益，忽略周遭環境被破壞的事實。哼哼，這果然是我女兒。」安是傳統右派黨員，雖然挪威右派和綠黨經常意見不合，但她很高興魯娜能在這樣的年紀，就懂得從價值各異的政治光譜中，找出和自己想法契合的一方。

奧斯陸大學法學院。申請讀大學，不是挪威高中生畢業後唯一的選項。

挪威舉國投注的教育資源，亦是以訓練一個人的人格獨立為本意。

不只是政治立場，挪威人在許多方面似乎都有超齡演出。蘇珊娜升上十年級那年，曾和媽媽為了個人升學規畫有過意見衝突。臺裔背景的媽媽，很自然地建議女兒應該以升學為前提挑選高中，同時盡可能讓自己順利申請到熱門的大學科系，將來好找一份有社會地位的好工作。但蘇珊娜自小在挪威生長，對於個人「前途」、「人生」和「責任」的認知和媽媽早有些出入。她從小就愛畫畫，雖然也彈得一手好琴，但唯有提筆將腦海中天馬行空的構想行諸於圖畫紙上，她才真正感到心滿意足。蘇珊娜說：「我並不是完全沒想過一個人就該上好的大學，找好的工作。不過，我終究希望能照著我心底真實的想法走。」

幾經交涉，蘇珊娜的媽媽不做讓步。獲致成全的原因，在於蘇珊娜最後是以十分平和但態度堅定的口氣告訴媽媽：「媽媽，之後學校是我要讀的，不是妳要讀的，這是我的人生，請讓我自己決定。」當時蘇珊娜的年齡才將滿十五歲。事後，蘇珊娜的媽媽對我說，她很訝異自己的女兒彷彿彈指之間長大成人，「我確實有些懷疑，以她的年紀，能對自己的未來理解多少。但或許我真的該信任她，她說的沒有錯，那是她的人生。」

就我所知，蘇珊娜的媽媽後續還是會忍不住從旁給予諸多「建議」。比方說「喜歡畫畫，那麼，念設計很好啊，但要不要念工業設計」（工業設計較為熱門，畢業也較好找工作），但至少遊說的成分已淡化了不少。蘇珊娜則總是一副自有定見的態度，笑笑地未置可否。

在成年之前，當然，我所說的成年，是指挪威傳統上的十五歲，這些金髮碧眼、外形俊俏的北歐青少年，擁有的智識水準可能確實不及我們當年。我們被強行塞入的數學公式、英文文法、國文課文、歷史圖表、地理資訊和各式理工、化學種種元素組合，簡直讓地球另一端的孩子望塵莫及。但他們個人所表現出的「成熟度」，或許更符合一位十五歲青少年所需。他們懂得為自己的行為負責，擁有經營自我人生的欲望和目標，不再事事依賴父母。畢竟他們打從一出生就被視為一個完整的獨立個體，當地的教育也都緊緊環扣在這樣的概念上。

可以說，挪威舉國投注的教育資源，亦是以訓練個人的獨立人格為本意。小孩十五歲時，便天高任鳥飛，毋須擔心徬徨少年就此誤入歧途。更重要的是，他們不會到了這個年紀，還動輒向父母討零用錢。基於這個理由，我決定對娜拉繼續採行挪威式教育。

媽媽，我要出門了喔。
記得喔，爸爸說過，和同學出去，十點以前就得回家。
為什麼姊姊可以這麼晚回來？
是這樣嗎？但媽媽說我今晚十二點前回來就行了。
因為我和你不一樣，我已經不是『小孩子』了。
姊姊已經十五歲，要自己管自己啦！

②①
④③

第四幕

價值觀

道德感 不冷漠 環保意識 多元文化
艾瑞克&契莉 一所挪威高中的社會科考試

15. 道德感

挪威學校向來不為學生評價操行，因為量化的操行表現，從來無法準確反映一個人內在真實的道德感。

我當然知道，以娜拉目前的年紀，根本沒耐心聽我講述完任何一篇完整的故事。就算她偶爾拿著書湊過身來，狀似要我為她讀個幾段，但看她粗魯翻閱書籍的模樣，就知道這舉動純粹只是一時興起好玩。比起我一人分飾多角，誇張地用抑揚頓挫的聲調在她面前表演書中不同角色，那部以北歐古老王國為發想的迪士尼動畫《冰雪奇緣》（*Frozen*），其實更能有效地吸引她的注意力。

「說故事」是當地家庭親子互動的優良傳統。透過這些北歐童話、傳奇，亦可反映出一個社會所欲傳遞的精神內涵。例如只要提及古老維京人的故事，總不脫榮譽和廉正等情操。這也是挪威家庭最喜愛掛在嘴邊的題材。儘管因為時代不同，道德本身可能會有不同的定義和詮釋。但無論哪個時期，挪威人總是很清楚自己是受到什麼樣的價值觀牽引，據此培育屬於這座王國的氣質。

挪威學生滿十歲、約莫五年級起，除了宗教道德觀，也開始逐步認識非宗教的俗世價值，故事就是很重要的起始源頭。當地人所稱的「挪威古典人文主義」，多數即是從維京時期的吟遊詩歌延伸而來。挪威人藉由詩歌、故事和傳說隱含的基礎哲學概念，一步步幫助學生認知人性的善惡美醜，並自我評斷其對錯。最好還能和個人具體的生活經驗相互呼應。

諸如誠實、信任、廉潔、為他人犧牲等種種舉止觀念的培養，在課堂上皆占有一定

位於奧斯陸的諾貝爾和平中心。和平獎是唯一不設在瑞典的諾貝爾獎項 。

的比重。不過其目的非關個人成績，也不影響日後升學。挪威學校向來不為學生評價操行，因為量化的操行表現，從來無法準確反映一個人內在真實的道德感。重點在於，學生未來願不願意將各式抽象的道德概念，實證於個人日常生活之中。

今日挪威的人道、人權組織無論在國內外都相當活躍，幾乎成挪威的國家品牌形象。這些組織能有熱情投入的成員，他們關於人權主義、人道精神的思維理路，很可能是在基礎教育階段，聽聞類似挪威十九世紀人道探險家南森（Fridtjof Nansen）的傳奇故事而受到的熏陶。一個學生若純然只是為追求優異的成績和華麗的學歷，未必就能聽得進來自南森的精神召喚。

一次偶然機會，我在診所內等候家庭醫生替娜拉進行例行檢查時，翻開了桌上幾本以母親為

右：今天的挪威，已然是發起國際援助的主要國家。
左：儘管時代不同，道德本身的形貌可能會有不同的定義，但無論哪個時期，挪威人總是很清楚自己是受到什麼樣的道德價值牽引。

封面的過期親子雜誌。信手翻閱一冊挪威兒童讀物，故事背景是十二世紀的斯堪地那維亞。娜拉照例在我強行抱著她坐在我腿上，口中才開始複述「好久、好久以前……」時，就三步併兩步鑽進一旁的兒童遊戲區。

其中一則故事，正是所謂挪威古典人文主義的典型代表。既然還沒輪到我們看診，不妨藉它打發時間。

有一位名叫烏當的冰島人，打算拍賣一頭自己親手捕獲的北極熊。在眾多北歐領袖爭相競逐下，丹麥國王因為最先聯繫上烏當而贏得這筆交易。烏當於是興沖沖地載運著北極熊，一路從冰島出發，準備前往丹麥換取報酬。途中，烏當必須先繞道挪威，當時也同樣十分覬覦這隻北極熊的挪威國王哈拉德，特別請人把烏當領進宮殿，希望能捷足先登，先一步買下這頭稀世珍寶。

受到高規格禮遇的烏當卻不為所動，明白告訴哈拉德國王，這隻熊務必得送往丹麥。哈拉德只好悻悻然對著烏當說：「好吧，既然如此，就請你回程時，再告訴我丹麥國王究竟花了多少錢跟你換得這隻北極熊。嗯，說不定你會成為一位大富翁呢。」

幾天之後，烏當順利完成交易，依約於回程時再度晉見了哈拉德國王。哈拉德國王問烏當：「運氣如何？賣了那頭熊，你從丹麥國王那得到了什麼？」

烏當回答：「丹麥國王跟我說了聲謝謝。」
哈拉德：「是嗎？換作是我，我也會這麼做。但還有拿到其他東西嗎？」
烏當說：「有的，丹麥國王給了我一筆錢，做為我接下來前往羅馬朝聖的盤纏。」
哈拉德：「他（丹麥國王）還真是個虔誠的教徒，但即使不用賣熊給他，他也經常資助朝聖者，不是嗎？難道他沒有給你更多的東西？」
烏當：「丹麥國王對我十分禮遇，還說打算把我寫入他們國家的歷史。」
哈拉德：「嗯，這很好，還有呢？」
烏當：「除了那筆錢外，丹麥國王另外還送給我一艘滿載貨櫃的船，一艘我從未在挪威見過的船。這是一種無上尊榮的象徵。不過，我其實還得到更多。丹麥國王又給了我一個皮製的袋子，裡頭裝滿了銀幣，他說，如果這艘船哪天不幸失事沈入海底，我若能逃過一劫，至少不會落得一無所有。」
哈拉德：「真是大方啊。」
烏當：「而我完全沒想到，我居然還可以獲得更多，我本來以為換得一艘船已經是很棒的事了。」
哈拉德：「你還得到更多？」
烏當：「是的，國王陛下，丹麥國王最後將一只金手鐲套在我的手腕上。他說，一個人也許會因為某次意外，失去他所有的財富，但只要能倖免於難，這只金手鐲就會一直跟著你。丹麥國王還說，他只會把這只金手鐲送給和他自己一樣正直，或者更好的人。」

烏當最後恭敬地對著哈拉德國王說：「國王陛下，今天，我要將這只金手鐲獻給你，因為當初你其實可以很輕易地就從我手中把那隻北極熊奪去。」

挪威王宮。挪威的人道、人權組織無論在國內、國外都相當活躍，可能比王宮更能代表挪威的國家品牌形象。

這則鋪陳簡易的故事，透過哈拉德國王和烏當一來一往的對話，倒也相當生動有趣。典型的北歐傳說，儘管從頭至尾沒有滲入太多為人處事的八股言論，但我相信，即使是一名小學生，也能領略哈拉德國王、烏當和丹麥國王當下抉擇的道德標準。

曾經有人問過一名挪威歷史學家，如果要從古老豐富的北歐傳說，挑選一則足以代表挪威傳統情操的故事，會是什麼？這名歷史學家即是引述了這則簡短的寓言。挪威校園中，關於學生人格的養成，其實很少直接灌輸諸如公平、正義、誠信、清廉或正直等等正面行為的表現模式，而是傾向協助他們能在自我內心做出清楚的判斷。引導個人行為的準則，畢竟是以內在感受為出發，而非時時觀顧著旁人的評價，呈現出一種缺乏實際信仰的良知，淪為表面功夫。

哈拉德國王當然有足夠的權力，強行奪取烏當獵得的北極熊。但他沒有這麼做，而是要烏當回程時，向他報告究竟丹麥國王付出多大的代價，才足以讓烏當不畏眼前權勢，信守買賣承諾。故事最後在烏當與挪威國王的對話中，拋出了一連串關於金錢、財富和尊嚴取捨的道理。意即一個人假若不會仗著自己的權勢去奪取個人利益，其人品價值，或許已遠勝過一艘船和一包裝滿銀幣的皮袋。金手鐲則代表了高尚的品格，一個人即使因為發生意外損失財富，唯有人格會和自己永遠相隨，人皆因此獲得尊敬。

你很難不將長期列名高度清廉國家的挪威，和這則傳統挪威故事產生聯想。它已不只是兒童讀物裡的一小段篇章，那幾乎是整個挪威社會的道德抉擇依據。坦白說，關於挪威人道德感的養成，我也不是這麼有把握，以為光是幾篇童話故事就能產生如此深遠的效果。但至少清晰可見的是，歷史上每個時期的挪威人，都願意找出一套當代人共同信守的道德標準，做為國家運轉時的遊戲規則。維京時期的公正和榮譽，進入王國時期的自由、民主和平等，以及現代標舉的人權、人道和環保觀念，挪威人透過學校教育的過程，使之成為宗教規範外的另一種俗世信仰，乃至成為當地社會的基本核心價值。

這些年來，我經常看著挪威人不知權宜地死守法令規章，或者固執地決斷為或不為。有些是直接涉及守法與否的問題，有些則僅是夜深人靜時自我良知的審判。維京時代的挪威社會已有初步的法律制度，但當時卻從來沒有出現所謂的執法者負責執行法令，端賴有沒有人受到騷擾或侵犯，大家才會以公認的律法規範去懲戒某人。今天挪威街頭的見警率（警察路上巡邏密度）相較於歐洲各國仍非常低，多數情況下，當地人的日常生活確實沒必要勞煩警察出面確保社會秩序。當多數人的自我道德規範已足可取代繁複的法律條文時，這樣的社會似乎要比採行嚴刑峻法的國度更加成熟穩定。

過往朋友之間，不少人都有過這樣的童年回憶。從小被父母以「再不聽話，警察伯伯要來抓人了」這句話恐嚇長大。但我們都知道，懂事後，縱然對警察身分略帶敬畏，很多時候也未必抑制得了我們偶爾踰矩的行為。

一名在當地任教的臺裔挪威老師，為了班上一位老是不把便當吃光、無端製造許多廚餘的學生傷透腦筋，有一回終於忍無可忍，氣得脫口而出：「你知道非洲有多少小孩沒東西吃嗎？你再浪費食物，就叫警察把你送到非洲。」這名學生雖然知道老師不會真的這麼做，但老師畢竟已板起臉孔，便只好半求饒地說：「老師，拜託你不要叫警察把我送去非洲，不如你把我不想吃的那些東西，送去給非洲小朋友吃好了。」這名老師事後跟我說：「看吧，你想拿我們小時候那一套恐嚇這群挪威小孩，完全是白費工夫。」其實我們都清楚得很，人類許多行為反應，多半時候是受制於個人內心實際的道德感受。警察與懲罰此一外部控制力，往往只是一時的警醒，若沒有內在良知當後盾，其效果通常相當有限。

離開家醫診所，十三個月大的娜拉除了長得不如挪威小孩強壯外，其餘皆無大礙。趁她對兒童遊戲區仍舊依依不捨之際，我將這篇冰島人賣北極熊的篇章抄錄下來，或許留待日後娜拉上小學，會對這麼一段北歐傳說有興趣。未來，說不定這則故事對她就如同今天對我一樣受用。

娜拉知道非洲有多少小孩沒東西吃嗎？妳再浪費食物，就叫警察把妳送到非洲。
老師，拜託你不要叫警察把我送去非洲，不如你把我不想吃的那些東西，送去給非洲小朋友吃好了。
看吧，想拿我們小時候的那一套恐嚇這群挪威小孩，完全是白費工夫。
爸爸
老師

③ | ①
④ | ②

16. 不冷漠

挪威學校除了從小教育學生不應該欺侮弱小外，同等重要的觀念是，「絕不要在看見有人受欺侮時，認為事不關己而袖手旁觀。」

感謝老天，娜拉自滿週歲起，生活作息漸趨規律，只要掌握得宜，我們便可不必連一部網路電影都得分著幾天抽空欣賞。利用她白天午休小睡片刻的習慣，我們幸運地有充裕時間可以享受一頓假日早午餐。她每晚八點準時上床睡覺，葛羅莉亞和我甚至還能連續看完一整季的挪威電視劇，例如在挪威紅極一時的《利勒哈默》（*Lilyhammer*）。

這齣連續劇的故事背景，發生在奧斯陸北方一座名為利勒哈默的城鎮，它因為曾經舉辦過一九九四年冬季奧運而聞名。劇情描述一名紐約黑幫老大，為了躲避殺身之禍，不得不遠渡重洋，躲到這個人口不過兩萬多人的北歐鄉下小鎮避風頭。在試圖展開新生活的同時，卻發現自己和挪威當地民情文化格格不入。過程中笑料百出。

對我這外來者而言，某些橋段不免心有戚戚。詼諧寫實的內容，倒也讓人因此更加瞭解原來挪威真的就是這麼一回事。挪威人並不介意這部喜劇片偶爾會糗糗維京民族天真的個性，他們說不定還頗為自豪。在人文環境高度雷同的斯堪地那維亞社會（包括瑞典和丹麥），他們的行為模式竟是如此獨樹

在挪威紅極一時的《利勒哈默》，經常貼切地反映出當地人獨有的生活哲學和價值觀。

一格。首季開播即在當地創下高收視率。換算人口數，每晚最高紀錄有將近一百萬同時在盯著這部戲的觀眾，將近挪威人口的五分之一。

其中一個單元的劇情是，這位黑幫老大想要追求一位在利勒哈默當地小學教書的老師。這名老師是個單親媽媽，為了示好，黑幫老大還自動請纓去接她兒子放學。一天，黑幫老大開著兩人座電動車（挪威曾大肆廣推這類電動車，但造型十分滑稽）到學校等候老師的兒子。就在他停妥車子的同時，剛好撞見一群小男生在操場一處角落打打鬧鬧。湊近一瞧，原來正遭到其他學生拳打腳踢的就是那名老師的兒子，頭還一把被壓在雪堆裡。最後是路過的學校老師出面制止那群人繼續對小男孩動粗。

黑幫老大走上前去，想弄清楚學校將如何排解眼前這場糾紛。他劈頭就問那位出面調解的老師：「這些小混混究竟是怎麼回事？他們會因此受到懲罰嗎？」老師謙和有禮地回答：「喔，不會的。我們相信『對話』和『溝通』才是制止這類反社會行為最有效的方式。」黑幫老大皺了皺眉頭低聲地說：「是嗎？真是有趣的理論。」顯然是不太認同。

小男孩拍掉身上的雪，臉上帶著傷且心懷委屈地坐上黑幫老大的車。黑幫老大轉過頭對著小男孩說：「你們老師剛剛說的什麼『對話啦』、『溝通啦』，都是沒用的東西，它不會為你帶來任何尊敬。你唯一要做的，就是下次再見到那群欺侮你的人，立刻朝帶頭的那個，也就是剛剛穿黃色夾克的那個人走過去，然後你什麼都不用說，只需要把你塞滿石頭的手套砸到他鼻子上，問題就解決了。」小男孩破涕為笑，彷彿茅塞頓開。

即使整個國家洋溢著和平氣息，挪威校園裡霸凌也未獲免疫。霸凌也許純粹是出於青春期旺盛的賀爾蒙作祟；在社會愈顯多元的年代，說不定也可能帶有種族歧視的因子。在蘇珊娜就讀的學校，學生曾主動發起一場反霸凌行動，很多學生都在反霸凌的聯署看板簽下大名以示支持。老師也會向學生宣導，隨時都可透過匿名的方式向校方反應是否有遭同學欺侮的經驗。誠如《利勒哈默》這部電視劇裡的演出，挪威校方後續解決之道，正是以和行為偏差者對話、溝通，取代任何形式的處罰。當然，不太可能會有挪威家長認可那位黑幫老大的見解，要自己的小孩以暴制暴。因為那確實不符合挪威人生性不擅衝突的民族性。

分別站在欺侮者和被欺侮者的角度，什麼才是有助解決紛爭的方法？什麼又是保護自己的最佳手段？我一時難以論斷。我自己曾在國中時期被他校學生在放學返家途中圍堵勒索。班上同學也曾因為口角得罪他人，下課時間被一群穿著便服的國中生拖入巷弄毆打成傷。又或者經常有弱小者遭好耍威風的小流氓鎖在廢棄不用的廁所裡，任憑其哀嚎呼救。乃至模仿漫畫情節，把某個倒楣鬼整個人丟進垃圾桶裡取樂。無論如何，我的認知是，遇到這些事情，任何形式的武力反擊，或者對加害者祭出嚴厲處分，通常都比看似「縱容」的溝通、對話，更容易引發難以預想的後遺症。

當時的我確實沒有想過反擊的念頭，只是那段時間盡可能不再讓自己落單。但我不確定假如娜拉在班上遭到同學霸凌，我會不會勸她如我當年一樣，消極地隱身在人群中？說不定讓她學習空手道會是不錯的主意。在此之前，挪威人的應對哲學，可提供我們另一層思考。當我走訪當地校園探訪此事，歸結所得的答覆是：一旦有霸凌情況發生，除了加害者和被害者的一方，挪威人同時也關切「旁觀者」的反應。挪威學校除了從小教育學生不應該欺侮弱小外，同等重要的觀念是，「絕不要在看見有人受欺侮時，認為事不關己而袖手旁觀。」

這也許是我們較少在霸凌問題中論及的部分。如果娜拉動輒糾眾欺侮弱小，我會相當自責自己沒有把她教育成良善之人，竟然讓她成了恃強凌弱的小惡棍。如果她三天兩頭就遭人捉弄、欺侮，以至於對上學出現恐懼感，我也會十分懊惱心疼。但假如，當她撞見弱小的同學被欺凌卻無動於衷，或者害怕給自己惹麻煩而默許了那些行為發生，我想我會更加不能原諒自己。我究竟是給了她什麼樣的成長環境，讓她最終怯懦地選擇以私利、冷漠保護自己。

挪威教育每個階段皆有其核心理念、綱領。值得慶幸的是，這個國家的民族雖然天真，卻相當重實際。教育理念或許崇高，但他們總是盡可能予以嘗試和努力，不會平白讓學校立下的教學目的，只剩下一堆華麗的文字。

例如面對霸凌問題，自基礎教育第一年開始（小學一年級），挪威學校便對學生傳遞出明確的訊息，即每個人都要有「你」、「我」、「他」是不同個體的認知。彼此有不同的需求，內在的希望也會不一樣。儘管我們在某些階段會非常倚賴同儕的認可，但我們必須明辨個人行為的對錯，同時學習原諒和寬恕他人。懂得人與人之間彼此尊重，對待他人要有耐性、也要寬容。一旦身邊出現霸凌、揶揄、嘲弄、取笑或者任何一類的種族歧視，都是為了讓我們從中學習到更多的憐憫與同理心，理解人與人之間互助的道德責任，以及為他人站出來的勇氣。

這一連串百年樹人的教育信念，皆載明於挪威基礎教育的官方指導綱領。可以說，挪威學校是有計劃、有系統地透過每個階段，訓練學生成為一個不對周遭冷漠的人。幼稚園時期，學生經常被帶往戶外，除了親近大自然，利用環境學習生活技能，他們多數時間都是自由活動，可以蹲在地上堆石頭，挖沙坑，或者像隻猴子一樣爬樹。可以盡其所能測試自己游泳能游多遠，爬樹能爬多高，跑步能跑多快。一旁的老師，除了注意學生的安全，學校賦予他們一項更重要的任務是：時時刻刻注意學生彼此之間的互動以及如何對待他人。尤其是否會互相幫忙，不會凡事自私自利。比方說爬樹時，某位學生是不是只在乎自己一人一路往上攀爬，會不會停下腳步，在必要時拉底下同學一把。他們

挪威老師會注意學生們如何對待彼此。例如在爬樹時，某位學生是不是只在乎自己一人一路往上攀爬。

關切的是，在任何環境下，你如何對待周遭朋友，尤其是比你弱小的人。因為其間態度對一個學生的人格養成有著深遠影響。

娜拉滿週歲那年，我駕車載著她，前往郊區的百貨公司為她選購一件生日禮物。返家途中，前方路口突然傳來一陣巨大聲響。一輛重型機車不慎和公車擦撞，騎士閃避不及摔倒在地，幸好身穿標準護具，他看起來並無大礙。事發當下，公車上一名身材壯碩的女士，立刻推開車門，跳下車，檢查和詢問騎士的傷勢。原本在我面前悠悠步行的一名男子，也連忙衝向現場，扮起臨時交通警察，在情況未見明朗之前，先擋下了兩方來車。

而後陸續有人加入這場「救援行動」，自然地互有分工，彷彿各個都是訓練有素的專業人員。兩方車輛因而回堵了一段距離，我的時間也受到耽誤。不過，卻沒有任何人因為久候不耐而鳴按喇叭，或者隔著馬路圍觀看熱鬧。在得知虛驚一場後，也沒有人催促那幾位主動在現場善後的非當事人離開被他們堵住的車道。

肇事的公車就停在我眼前，面向機車騎士的一排車窗，同時貼著好幾張小學生的臉孔。他們也對這起小小意外感到好奇，紛紛擠到窗邊想知道發生了什麼事。那位第一時間衝下車扶起騎士的女士，是當天剛好帶著這群小學生進行校外課的老師。眼前一幕，應該就是最好的機會教育。連同那幾位熱心的路人和老師，這些人一起在這群小學生面前，上演了一齣冷靜、平和，且充滿助人之心的交通事故救難劇。

娜拉還小，而且坐在兒童安全座椅的她什麼也看不見。但我已為她記錄下這一幕。我很清楚知道，這場小意外所透露的，不會只是一群好事的挪威人如何熱心、機警，還包括堵在雙向車陣裡，那些可能正趕著要辦某些事的駕駛們。他們的耐心，可能就來自從小教育的「不冷漠」。

挪威被譽為弱者的天堂。唐氏症兒、殘疾人士，永遠不必擔心出門上街會遭排擠歧視，或者受限於極不友善的公共空間寸步難行。一個社會總有身強體壯的人和骨瘦如柴者，在防止恃強欺弱的同時，挪威教育並沒有忽略強弱兩方之外，經常處於旁觀者的絕大多數。我們或許覺得挪威人的面容有些冷酷（尤其冬天的時候），很難深交為友，不愛旁人打擾，喜歡獨處；但他們其實又是最習於將個人同情轉化成行動的一群人。

二〇一四年，國際SOS兒童村組織打算為戰亂下的敘利亞小孩募集冬天衣物，於是在奧斯陸進行了一項實驗。他們安排了一名僅穿著單薄針織線衫的小男孩，坐在室外公車候車亭，以測試在冷冽的冬雪中，有多少行經他面前的路人會伸出援手。

果不其然，透過一架隱藏式攝影機記錄下來的畫面，證實挪威人確實都很樂於助人。他們把自己的手套、圍巾和外套送給這位不知名的小男孩。假如不是在這個地方生活幾年，我應該會以為那只是一支專門販賣溫情的公益廣告。所以我的感動，也許還多了幾分真實感。更何況我不是沒有親眼目睹過，挪威人是如何善待路邊髒得發臭的乞丐。

我希望娜拉將來上學，在學校裡不會是個老愛欺侮弱小的討厭鬼，同時也能懂得保護自己，不會甘於當個軟弱的可憐蟲。我更期待她的內心能充滿對弱者的憐憫和同情，以及為他人站出來的勇氣。我相信，這會比拿著塞滿石頭的手套為自己報仇，更像個勇敢的小孩。

上：挪威高中生為窮困國家的小孩籌措教育經費，在街頭獻唱募款。這也是全國高中生當天的集體活動。

下：搭車遇到推嬰兒車的婦人，願意趨前幫忙，在當地是很自然的反應。

17. 環保意識

在挪威人的教養中，對於環境的愛惜和保護，或許並非全然出於強烈的道德指令，又或者具有崇高的使命和責任，而是他們從小就和自然極為親近。森林、湖泊、峽灣、風、雨、雪、溪流，都是他們成長過程中的良伴，偶爾還會是一名良師。

阿克爾碼頭的海濱步道兩側，餐廳、酒吧、咖啡廳、服飾店林立。

趁著戶外陽光和煦，我們又一次推著娜拉的嬰兒車到市中心南緣的阿克爾碼頭享受日光浴。阿克爾碼頭是奧斯陸一處成功打造的新興住商混合區。市政廳的海濱步道兩側，餐廳、酒吧、咖啡廳與服飾店林立。面海而望，可遠眺一座中世紀建成的阿克斯胡城堡（Akershus Festning）。有著仿古造型的觀光用海盜船和市民通勤快艇，是此地與外圍小島往來的交通工具。步道末端，是一棟原木構成、外型簡約的現代藝術館，展出作品風格以前衛、抽象著稱。此區二樓以上的住家，戶戶陽臺幾乎皆面向大海，擁有充足採光。少數住戶在住家樓下的河堤邊，還有專屬小碼頭停泊私人船隻。可以想見這是何等精華的地段。

不過，儘管不是每個人都負擔得起阿克爾港附近的房價，但依照挪威法規，任何住宅周邊的港口沿岸，仍應是對所有人開放的公共空間。我們一家三口於是得以堂而皇之、自由自在地穿梭這些豪宅的前庭後院。我們和娜拉在不需付費、無人催趕的嫩綠草皮上追逐嬉戲，偶爾被一面閃耀的粼粼海波刺得睜不開眼。

右：依照挪威法規，任何住宅周邊的港口沿岸，皆屬於對所有人開放的公共空間。
左：阿克爾港區是奧斯陸新興的高級住宅區 。

《國家地理雜誌》曾有篇報導介紹挪威海岸。根據其引述挪威地理學院的調查，連同挪威峽灣、海灣和島嶼的海岸線，總計長達十萬一千公里。若拉長成一條線，長度足足可繞地球兩圈半。* 有本挪威兒童讀物則是如此描述這個國家：「森林茂密，多山、多雪、多水、多湖泊，有廣闊的麥田，以及面向大西洋的綿延海岸線。這樣的地理位置，不僅造就這塊土地的生成演化，同時影響了其上世世代代挪威人的生活。或許它為我們帶來暴風雨和船難的危險，但海洋就是我們的糧食、我們的財富。」

挪威倚海而生，「海岸屬於大家的」，是這北歐王國中理所當然的道理。阿克爾港區雖然是不折不扣有錢人的專屬高級住宅區，但幸好那不表示其他人沒有資格享受那一片蔚藍海岸。不過，當我和娜拉在阿克爾港海邊玩耍嬉

* Verlyn Klinkenborg, Follow the Water Journey to the heart of Norway, *National Geographic*, Nov.,2013.（見 http://goo.gl/VEDLg7）。

鬧的同時，還是有必須遵守的規矩。那些花了大把鈔票住在這裡的人，無從阻止我們自由往來這個區域，但外來遊客也不能就真的當作自家庭院，毫無節制、隨意妄行。

位在港口盡頭，開放式的休赫曼雕塑公園（Tjuvholmen skulpturpark）入口處，立有一道告示牌，上頭文字敘述如下：

我們（公園管理人員）竭誠歡迎您在這裡盡情玩樂以及欣賞周邊的雕塑品。對想要好好體會這些美好經驗的人們，我們希望您尊重以下幾點：

一、體貼別人。您所感興趣的事情，對別人來說可能會是一種噪音。

二、那些雕塑品的作用是為滿足視覺欣賞。它們不是玩具。而且其周邊並無任何預防發生危險的安全措施，建議您和您的小孩，都要自己小心安全。

三、我們雖然會在晚上打掃公園，但還是請您記得帶走所有屬於您自己的東西。

四、請為您的狗拴上鏈子。

請尊重這個區域裡的其他人。

（欲在此區游泳，安危自負，請自行承擔風險。）

這張告示牌頗能反應當地人和公共領域的互動關係。大自然是公共財，沒有誰有資格剝奪他人獲取自然空間所提供的幸福感。但也得尊重遊戲規則，透過節制的行為表現，常保現場環境品質。挪威全境大大小小的自然風景區，都是以類似的觀念維持當地原始景觀數十年，甚或數百年如一日。他們從來不需要仰賴過多人為設施保護山川、湖泊或者海灣，而是自小就鼓勵挪威人以最貼近自然的簡樸方式，享受這片老天爺的恩典。

基礎教育階段，人品道德教育是極獲重視的課程之一，除了啟發個人的技能和特長之外，必當使其行為能和自然保持和諧。總是提醒學生要關心環境，以良知對社會做出承諾，不要徒然變成一個利己主義者。

回溯挪威人自幼稚園開始，童年經常是在原始的森林和海邊度過，而不是兒童樂園或擁有琳琅滿目遊樂設施的海水浴場。及至升上小學（基礎教育的前七年），當地學生同樣有非常多時間會把個人

右：挪威小孩經常有機會夜宿森林小木屋，和父母在前不著村、後不著店的深山裡度過暑假。

左：挪威各城市皆有相當比例的公園綠地，多靠當地人的公德心維護品質。

精力消磨在荒野中。他們學習滑雪、登山、健行、釣魚、冰釣，在野地露營、夜宿森林小木屋，以及和父母在前不著村後不著店的深山裡度過暑假。如此成長背景，深植在他們腦海裡的環境意識，自然有別於在高樓大廈、水泥叢林長大的孩子。

挪威人理所當然把這個國家的地理條件，當作一組最鮮活的教材。因而官方擬定的基礎教育目的，其一就是學校應該透過這個國家的四季變化和豐富的田園景致，讓生活在這塊美麗土地上的孩子，藉由巍巍山林、壯闊的峽灣和從山頂激流而下的瀑布，於自身燃起一種喜悅的情感。

儘管用詞可能稍微抽象了點，但這些年下來，我頗能從中體會出挪威人環保意識的養成邏輯。每每帶著娜拉出遊，我也許會告訴她垃圾不能亂丟，不要亂攀折花木，不要做出任何破壞環境的行為。因為那有違道德，乖孩子不會這麼做。但在挪威人的教養中，對於環境的愛惜和保護，或許並非全然出於強烈的道德指令，又或者具有崇高的使命和責任，而是他們從小就和自然極為親近。森林、

挪威資源回收率相當高

湖泊、峽灣、風、雨、雪、溪流，都是他們成長過程中的良伴，偶爾還會是一名良師。因而有機會培養出一種油然而生的心靈狀態，一種比任何法令或道德約束，更能讓人樂於善待自然的本能。住在羅阿小鎮的卡琳娜，求學階段若是感情失意，偶爾前途迷惘時，總會到住家後方的山林幽谷尋求平靜。對照與她年歲相近的世代，我比較熟悉的方式是彼此呼朋引伴，相約昏暗嘈雜的ＫＴＶ引吭高歌，藉由一陣喧囂瘋狂抒發青春的抑鬱。

不可諱言，這幾年挪威之旅，遇見的不盡然都是賞心悅目之事。報上曾引起全國關注的新聞，包括意見兩極的哈丹格峽灣（Hardangerfjord）電廠興建爭議，以及羅弗敦（Lofoten）群島的住民成天憂心忡忡，深怕外海油田終究動工開挖，會影響羅弗敦「挪威最美仙境」的讚譽。隨著現代化發展，挪威人的生活習性確實愈來愈少純粹仰賴大自然，且愈受人為加工的世界所主導。新式的科技、產品、技術，解決了不少當地人傳統生活的不便。跟世界上許多地方一樣，他們難以倖免地捲入環保和經濟的戰役中。

任何人久居其間，不難體會到普遍挪威人的生活方式和外在環境之間，依舊存在許多不用刻意為之的友善關係，當然也因此降低人類對自然資源的掠奪壓力。不只一位挪威朋友告訴我大自然就是他們最好的朋友。儘管聽了有點沮喪，與之相識數年，原來我在他們心中的分量和地位，還比不上野外滿布青苔的岩石或一片黑漆漆的森林。不過，

上：挪威最美仙境——羅弗敦
下：挪威的自然景觀極少人為加工

我卻因此深深為挪威的原野山林感到慶幸。這年頭，竟還有抱持這類思想的一群人。

《下一個全球超級典範——北歐：經濟富足，人民幸福，全球跟著北歐學》（*The Almost Nearly Perfect People*）的作者布斯（Michael Booth）對北歐社會有深刻的觀察。這本書的章節開頭即是：「這斯堪地那維亞國家的天空，一如既往擁有純美無瑕的湛藍。不知何故，它似乎比世界上任何一處天空都要高遠遼闊……」我相信一旦造訪過挪威，任誰都不會覺得這句話太過誇張。當地報紙有則花絮附和了布斯的觀察。文章說，有位挪威駐丹麥的外交官在久居丹麥之後，結束外派任務，回到自己國家，朋友問他最想念挪威什麼？他毫不遲疑地說：「若說對挪威有任何想念，我個人最想念的就是挪威的天空。」

「天空」也許只是一個代表性的名詞。歷史上未曾有過高度工業汙染的挪威，長期以來都被視為歐洲高環境品質的國家之一，尤其當地城鎮和森林原野彼此臨近的關係，無論城市、鄉下都能享有同樣清爽的空氣，為挪威人所自豪。

二十一世紀含著金湯匙出生的挪威新世代，多在處處標舉科學技術的環境下成長。他們使用先進科技，當然對其倚賴也愈強，不禁讓人懷疑他們能否還有意願，一如他們的上一代，盡可能為自己所生活的環境承擔責任？我曾以這樣的疑惑詢問魯娜，我對她表態加入綠黨一事本來就深感好奇，因此想知道她在學校裡到底聽到了些什麼，而願意選擇較為另類的政黨（綠黨在挪威國會席次僅有一席，二〇一三年綠黨的支持度僅二・八％）。

魯娜的答覆讓我有些意外。尤其她當時不過才十四歲。她說，老師在課堂上告訴他們，除非大家對科學以及其他關於自然的知識和技術，有更多的瞭解，否則現代化的科技是很難掌握的。即使科技為我們帶來很多方便，但我們也不要讓推陳出新的科技左右了我們的生活，就像它改變了大自然一樣。學校裡科學教育的目的，不光是為了讓我們

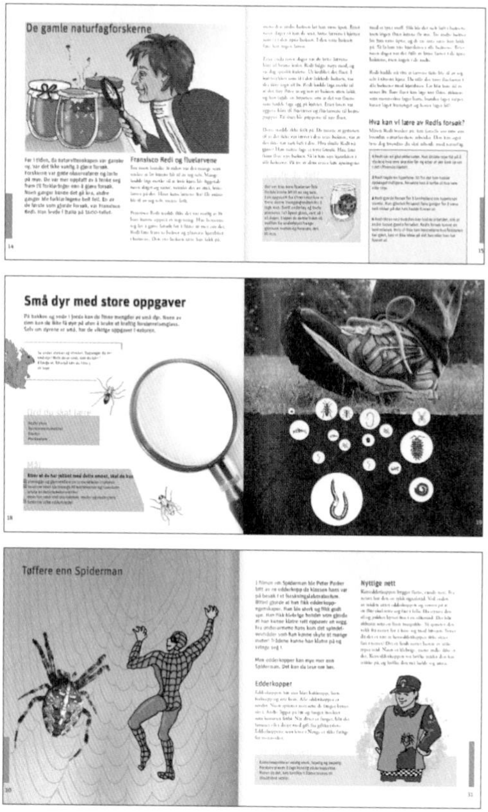

挪威小學自然課本內容

有足夠的知識去運用它。我們也必須藉由它去思考我們的未來，去理解我們的抉擇，可能會造成什麼樣的後果。科技為人類社會帶來便利、舒適的生活，但也同時創造出緊張和矛盾。因為它確實正危害無數世代以來居住的自然環境，毀掉了不少人原有的生活條件。

翻開魯娜的中年級自然科學教材，其中論及了溫室效應、遺傳工程和國土資源。除了傳遞專業知識、藉由不同實驗活動設計引發學生學習興趣之外，當地老師還留給了他們更多的思考空間，去培養個人對自然界的洞察力，並以此建立關於環保議題的道德觀，或者是更進一步的批判意識。魯娜說，她正是這樣一步步成了綠黨黨員。

我並非鼓勵娜拉向魯娜學習。但挪威人的教育內容，確實是個值得參考的模式。然而魯娜因為關切環境，讓她對自己生長的土地有了多一層相互依存的感受。娜拉現在還不懂得該如何思考在經濟、環保的槓桿上取得平衡的道理。不過，我至少可以為她多製造點機會和大自然交朋友。盡可能不讓她和已然攻陷多數家庭的平板電腦、智慧型手機走得太近。不只環保議題，若能對周遭環境時時抱有關切之情，還廣及各類公共事務，娜拉說不定也有機會成為一個具有豐富思考能力的人。而這樣的人，對於環境保護當然多半是利多於弊。

18. 多元文化

要讓一個由不同文化、宗教、生活習慣背景的一群人，相安無事生活在一起，靠得是挪威學校教育提倡的平等、寬容觀念。那是任何多元社會得以穩定發展的基礎。

雖然這是個國民平均所得高達九萬美元的國家，但很少有家庭聘雇幫傭。挪威人大多自己帶小孩，自己修房子，似乎不太擅長使喚人。我從未看過有「外勞」推著七、八十歲的挪威老翁在公園曬太陽，或者出門在外，手上大包、小包跟在一對白人父母身邊隨時聽候差遣。也因為挪威是福利系統相當成熟的社會，一個人從搖籃到墳墓，多有國家從旁照料，因此對外傭並無明顯需求。然而當地人看待外傭的眼光，可能也有別於我們的刻板認知。

根據挪威聘用家庭幫傭的法律規定，雇主除了必須支付受雇者每月五千挪威克朗的零用金外，還得供其食宿，且至少讓他們週休一日。一星期總計工時不得超過三十個小時，一年另有二十五天年假。同時得為對方繳付一年七千挪威克朗的挪威語學費，好協助他們適應當地生活。

七〇年代，挪威因發現石油之故，經濟躍然起飛，勞力需求日增。在既有勞動人口不足下，曾大舉向地處中東的巴基斯坦招募壯丁。當年遠赴異鄉餬口的外地人，不少從此留在挪威成家立業。三十年後，這些巴基斯坦人在挪威外來移民中已不算少數。同一時期，因為難民身分獲得安置的越南人，經過幾代生衍，也成了拼組這個國家的族群之一。再加上二十世紀末，聯合國每年依照配額，將包括伊朗、伊拉克、阿富汗、索馬利亞以及非洲等國家難民分送至挪威，接續不斷豐富此一斯堪地那維亞王國的族裔組成。

在奧斯陸市區，與我們擦身而過的人中，也有許多東歐人、中歐人或亞洲人。他們多數是為了相對安穩舒適的生活條件而離鄉背井。基於地緣之便，到挪威謀生的瑞典人也不在少數。此外，亞洲外籍配偶與日俱增，她們的第二代、第三代，亦漸次改變了這個原本由單一白人種族構成的國家。

不少外裔父母也願意入境隨俗，對子女採用挪威人的養育方式。

因為異國婚姻之故，挪威族群結構愈顯多元。

挪威的歷史也許可以追溯上千年之久。冰河時期至維京時代，挪威人幾乎從未和其他種族的人一起分享過當地的一草一木。幾世紀以來，他們對這塊用以安生立命的土地有著強烈的歸屬感。但近代因緣際會、多元文化的發展，使其本質已然蛻變成另一個新國家，而且儼然已成許多不同種族之人的第二故鄉。

和娜拉同一世代的挪威人，有更多機會見識到這個世界不同的種族，親見彼此膚色的差異多樣，一如挪威人某種程度把聘雇家傭視為文化流通的形式之一，而不光是把他們看作分攤勞務之用。挪威小孩於成長過程中，透過學校、百貨公司、兒童樂園和餐廳，總能自然而然接收到多采多姿迥異於純種白人社會的訊息。新一輩挪威人依舊熱愛自己國家，但對「國家」兩字的體會，已和老一輩的世代極為不同。

打從葛羅莉亞懷上娜拉的那一刻起，從產檢、懷孕、分娩到恢復室那短暫的三天，我們相繼接觸了瑞典裔的婦產科醫師、波蘭裔的助產士、越南裔的護士、非洲裔的驗血師，還有許多不知其原鄉為何處的非白人族裔人士給了我們諸多協助。出院時我們預約的計程車，司機則是一名巴基斯坦裔的年輕小夥子。我大致能夠理解，為什麼挪威人會提醒我，如果要以一張照片向親友介紹「挪威人」，畫面中千萬不要只有白人。多元種族的樣貌，早已存在當地的學校、公家機關、私人企業和社會各階層領域。任何意欲表現挪威社會的圖像，挪威人會記得要兼及不同種族。

娜拉出生前，我曾有過短暫學習挪威語的經驗。讓我印象最為深刻的是，課堂教材裡安排出場的人物，總是盡可能映照現況，不會只以挪威白人做為句子對白的角色。人物背景舉凡拉托維亞人、美國人、印度人、泰國人、伊朗人不一而足。會話練習除了讓學習者同步瞭解挪威文化，偶爾也會穿插不同國家的習俗傳統。所以雖然名義上是「語言學習課」，但已不僅僅是純語言教學而已。自廣納移民的年代，這個國家的人民早有心理準備，他們所生長的環境，未來不會只是單一族裔的社會。

要讓一個由不同文化、宗教、生活習慣背景的一群人，相安無事生活在一起，靠的是挪威學校教育提倡的平等、寬容觀念。那是任何多元社會得以穩定發展的基礎。娜拉十五個月大時，正值出現許多有趣反應的年紀。因此推她出門，偶爾會吸引從旁經過的挪威白人婦女的注意。對方總是先向我這位亞洲爸爸示以善意微笑，然後彎下腰逗逗娜拉，也被她有趣的舉止笑得樂不可支。帶著娜拉到奧斯陸近郊一座大型室內遊樂場遊玩，周遭白人媽媽向來不介意我抱著娜拉一起鑽進彩球池。不過，當遇上披著面紗，或者罩著黑色長紗的穆斯林媽媽，我最好盡可能保持距離，以免有所侵犯。她們不見得是討厭娜拉，或者對我有所誤解，純然就其信仰教義，她們並不

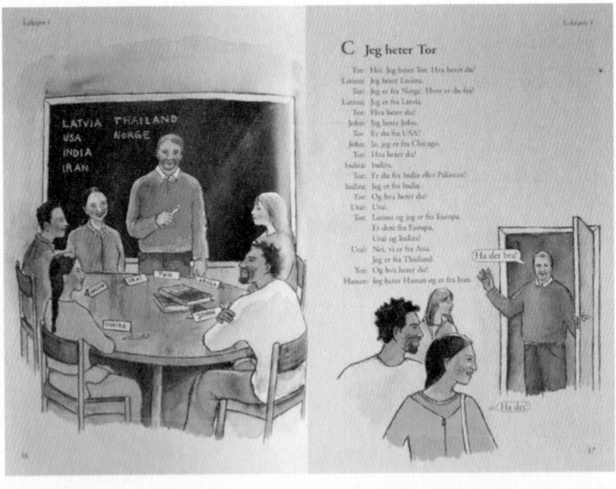

挪威語課本中，一幅多國人士一起上課的插圖，頗能反映社會不是單一族群的實際情況。

挪威人在求學階段，即可體驗到自己國家多元種族的一面。

習慣在大庭廣眾和我們熱絡互動。

我相信一個國家、一座城市的多元面貌是在教導我們要懂得相互尊重，而挪威校園正是一個足以領悟箇中道理的環境。挪威雖然是傳統的基督教國家，但挪威小孩在學校裡接觸到的同學，除了彼此家庭背景有異，也得學習面對其他不同於基督教的價值觀。

印度小孩偶爾會穿著家鄉的傳統服飾上學。鮮豔的衣著色彩，配著領子、袖口閃閃發光的碎花亮片，對照北歐風格的穿著打扮，整體造型儘管有些突兀，卻不會招致異樣眼光，尊重他人的觀念便是表現在這些生活細節上。他們並不需要因為彰顯自身文化而受到嘲諷。披戴頭巾的穆斯林女同學，也必然會獲得禮貌以對。在髮色、膚色，乃至眼珠顏色經常是花花綠綠的挪威校園，就是學生學習平等對待他人、包容文化差異的最好環境。

翻閱挪威基礎教育階段的社會課和歷史課教材，我們會發現當地人不光是要以此認識自己，也得同步認識他人。認識一群和自己生活在同一塊土地，卻有著不同膚色、信仰和種族血液的鄰居同儕。或許，因為歷史上曾親眼目睹納粹發動種族滅絕帶來的苦難，挪威和許多歐洲國家一樣，亦將那份恐懼昇華為日後的人權、人道主義。並且藉由這樣的力量，引領他們學習和生活周遭的外來者共處一室。尤其當這些外來者，多數屬於弱勢的一方，如移工、難民，或是國力相對羸弱的民族，更有必要以基本人權的內涵和價值，去抑止強大者不自覺的優越感，以及從優越感漫溢而出的欺凌歧視行為。

假如娜拉真的在挪威長大，我當然沒有辦法保證她成長過程中完全不會受到歧視。畢竟她的五官外

挪威學生九年級歷史課本

貌就是個不折不扣的亞洲人，而亞洲臉孔在白人社會向來不太吃香，但讓我略感欣慰的是，挪威學校教育至少從未忽視平等和寬容善待異己的必要性。因為那並不只是為了表現強者的施捨，又或者給予外來人一個友善的生存空間。而是反過頭來，整個社會將同受益處，更趨和諧和而少有衝突。

奧斯陸城東的格林蘭區（Grøland），儼然是一處中東移民的聚落，此地街道巷弄間的景物都和其他區域明顯不同。不容否認，這一帶確實就是那麼髒了一點、亂了一點。雖然的確有挪威人因為當地的擁擠雜亂而對其怯步，但它也從未失序。信步其間，即使是挪威白人也不至於認為自己的安危會受到任何威脅，頂多受不了沿街陣陣飄散的古龍水味。

這群中東移民在格林蘭區以自己習慣的方式，開餐廳、經營超市。也許牆壁上偶有塗鴉，以及有許多其他地區所沒有、專責提供撥打國際電話的小店面和二手舊貨區，又或者商店裡的地板始終無法保持乾燥清潔。但他們並非是受到任何形式的欺侮，才必須群聚在一起自我保護。這裡提供給他們的是一個可以不用憋手憋腳過日子的地方，不用假裝自己像個白人一樣。

我承認初期我曾因為眼前迥異於自家環境的景象而震撼，我也確實聽過挪威友人抱怨它讓奧斯陸變得不甚光彩。格林蘭區地鐵站出口，永遠有股刺鼻的尿騷味也是事實。

但挪威人自己也很清楚，這個國家若不是有這些人願意以汗水勞力換取相對微薄工資，舉國基礎建設將比臨近的瑞典、丹麥落後二十年以上。每年八月，在奧斯陸市政廳後方廣場盛大舉辦的多元文化節，一群思鄉的外裔挪威人會齊聚一堂，以自己家鄉的傳統食物和歌舞表演，遙念故里兼行狂歡一整天。當地政府則秉著包容、接納的心，大力支持這群異鄉人所舉辦的慶典。這麼做，正是因為長期以來，奧斯陸許多基層勞力工作總是由外裔人士擔綱，所以某種程度也是為了感激這些外籍人士對這座城市的付出。

右：多元文化節上，販售巴基斯坦傳統食物的攤位。
左上：多元文化節上，一處販售巴基斯坦傳統服飾的攤位。
左下 ： 格林蘭區一家有濃濃中東家鄉味的餐廳。

為了和國際接軌，挪威從基礎教育二年級起，正式教授學生英文。對一個僅有五百萬人口的小國家來說，若能廣泛熟練使用英文，將有助於他們和其他國家溝通連結。許多父母為了要將子女推向國際化，甚至漸漸捨去以含有挪威特殊字母（如 æ、å、ø）的名字為小孩取名。考量因素之一，是為了配合全球化時代下的實用性。例如二〇一二年，挪威最受歡迎的新生兒名字，女生是娜拉（Nora），男生則是盧卡斯（Lucas）。可以預見，未來取傳統挪威男性名字「Bjørn」（比約恩）的挪威男孩將會愈來愈少，因為很多外國人不知其如何發音，甚至乾脆唸 B-John。

不過，對照諸如學英文、取名字這類「深謀遠慮」。我相信挪威人應該已充分理解到包容自身社會的多元性，才是增長小孩國際視野的第一步。成人之後，他們就更能以寬厚的國際觀去認識外頭的世界。

對挪威人來說，我和娜拉是長得和他們完全不一樣的外國人。但我很慶幸，挪威人能在他們的基礎教育中，注入相當高程度的平等、包容觀念。無論在什麼樣的場合，即使他們對我們的出現充滿好奇，或對我所來自的國家不解，至少不會以「歧視」做為互動的起始。通常你從對方的神情和態度反應，便可略知他們對你究竟是友善還是嫌惡。

儘管我知道人性心理中很難完全沒有自我優越感，而傲慢的挪威人也並非不存在，但他們確實正努力透過教育手段予以克服。數年挪威生活，如果我知道娜拉未來將身處倍受歧視的環境，我一定會及早帶她遠走高飛。如果走不了，我們也很難跟著挪威人一起珍惜這塊土地。可能會疏於垃圾分類，不願節約，甚且無所謂地消耗當地資源，或者反過來掠奪它，遑論愛它。那麼，這或許就是挪威人的損失——一個歧視外勞、幫傭和新住民的社會，必然面臨的重大損失。相反的，當外來移民獲致一如當地人同等的尊重，他們的智慧和勞動能力，便有更多的可能成為這個國家共同的資產，如此即不枉費走上多元社會這條路。

19. 艾瑞克&契莉

一個被視為獨立個體的挪威青年，離開班級後，能懂得思考，並且有能力明確向旁人傳達自己的主張。縱有意見不合，也願意進行溝通，這才是教育真正的目的。

艾瑞克在歐司高中（Ås videregående skole）已任教十六年，這位體育老師曾被歐司市（Ås）的地方報紙譽為當地最受歡迎的老師，在地方上小有名氣。因為好奇心驅使，我於是直接找上艾瑞克，問他究竟是怎麼辦到的。他卻靦腆地顧左右而言他，直說沒這回事。住在他對門的好友兼鄰居潔西事後私下告訴我：「你知道的，挪威人嘛，對這類自我標榜的事蹟，總是不太好意思承認。」當潔西告訴艾瑞克，我正在撰寫一本有關挪威教育的書籍，這回換他對我的工作感到興趣，主動追問了不少細節。隔沒多久，我收到艾瑞克來信，他邀請我到他的學校和他班上學生碰面，希望這樣的安排，有助於我進一步瞭解挪威的教學環境。

挪威教育並非毫無缺點，我們沒有必要以為這個世界上會有完美的教育制度。但至少，我相信他們時時刻刻都在修正，並盡可能淘汰不合時宜的措施。畢竟這是個變幻多端的時代，教學方法總得要與時俱進。例如挪威高中生的輟學問題日趨嚴重，有一段時間讓挪威教育當局十分困擾。主因是學生覺得課堂上的教學內容太過無趣，寧可早一步投入就業市場，即使做的是勞力工作他們也無所謂。這時校方就得絞盡腦汁想辦法留住學生，否則長此以往，對整體國民素質將造成負面影響。

二〇一三年春天，風靡全球無數青少年的北美流行歌手小賈斯汀（Justin Bieber）在挪威首都奧斯陸辦了一場個人演唱會，門票在開唱前就瞬間銷售一空。因為歌迷們實在太過瘋狂，奧斯陸警方還得特別為此動員大批人馬維持舞臺周邊秩序。極其不巧，小賈斯汀選擇登臺的時間，剛好和當地高中的期中考試撞期，為了讓學生們能專心準備應考，校方竟然乾脆宣布延期考試。

當時的我，身為家長的立場，應該也會站在反對的一方吧。為了一個經常口出穢言，行徑誇張的流行歌手延期考試？簡直是寵壞孩子。不過，話說回來，回想那段青春歲月，我不也曾為了欣賞美國職籃公牛隊和湖人隊的冠軍賽而裝病請假。為了稍事舒緩幾千顆同時為小賈斯汀劇烈鼓動的心，延後兩天考試，似又無傷大雅。這是挪威學校為避免學生翹課、缺考而做出的權宜之計。這當然不是什麼值得鼓勵的事，公告一出，也確實受到不少家長責難，認為學校對學生過於縱容。沒想到校長們的解釋僅幽幽一句：「誰沒年輕過呢？」

為了增加學生的學習興趣，艾瑞克也有過些巧思。他曾開出一項家庭作業，請學生針對培養一名足球選手，分析需要經過哪些訓練程序，並將自己蒐集彙整後的資料，上網張貼到個人部落格上。艾瑞克的用意是，傳統學生繳交作業的方式，只有老師看得見，若是透過個人部落格呈現作品，學生們或許有機會得到來自各方不一樣的意見。艾瑞克對學校為配合小賈斯汀演唱會而延期考試一事未置可否。但他認為，也許有時候挪威的教育方式，的確是藉助於玩樂，去激發學生的學習動力，「但請別誤會，我們並非只懂得玩玩而已。」

關於這份部落格作業，學生還可自行轉貼到個人臉書（Facebook）頁面，於是又可以得到更多即時的意見交流。艾瑞克說：「如此一來，他們也會懂得要為自己的言論、文字負責。而不是東抄西抄，隨便亂寫。也許唬得過我，但卻唬不了其他人。」

實地觀察艾瑞克班級上課情況時，其中兩位同學伊文和奧斯比便興沖沖地向我展示他們個人部落格的內容。伊文首先開啟網頁，嘴邊同時念念有詞，提出一堆我其實不甚理解的體育專業用語。一旁等著向我推銷個人研究成果的奧斯比則滿懷自信地對我說：「我的網頁做得可比他好多了。」側耳聽到這句話，原先滔滔不絕的伊文，稍微停頓了一會兒，回說：「噢，是嗎？我並不這麼認為。」「看完我的之後，再請評鑑」，奧

右：不少學生對艾瑞克訂出的部落格作業相當感興趣。
左：這群高中生活潑天真，但談吐成熟。

斯比又向我補了一句。艾瑞克的創舉顯然收到功效，至少學生們不會覺得這是件無聊的作業，每個人都做得有模有樣。艾瑞克說：「一旦他們不是為了應付我，他們就能學到真正有用的知識。」

後來在艾瑞克班上，我們的話題幾乎都圍繞在各自的部落格作業上。艾瑞克雖然是體育老師，但我很清楚他個人教學目的，不只是要訓練學生的體能和運動技巧。準備作業的過程也是一種溝通能力的培養，這是挪威人從小到大最為在乎的事。例如透過學生的部落格，我們可以看到他們如何清楚表達自己所認定的選手訓練程序。經由大量的資訊整理，他們逐漸掌握運動的遊戲規則，以及何謂團隊合作，什麼又是運動中的公平手段。他們必須用他們自己的方式，去表述個人的意見，並且接受批評、容許挑戰，進而讓自己的想法更加成熟。經由同學間彼此討論出的心得，也許比純粹由艾瑞克在大家的作業本上留下幾句評語還具實質意義。

我想，走訪了一趟歐司高中，我大概可以理解為什麼艾瑞克會廣受學生歡迎。即便他還是不承認有報導說的那回事。他的否認總帶點害羞的味道，但報導本身已不影響我對眼前這名老師的評價。如果娜拉將來遇到如他一般的體育老師，我相信從他身上習得的能力，將遠超過運動技巧本身。娜拉得多動些腦筋、勤於尋找資料、充實自己的知識、訓練成熟的表達能力，而且懂得運用科技工具傳達個人見解。像艾瑞克這般投入教學熱情的老師，可不是隨隨便便就可打發。當然，娜拉可能會覺得花時間製作部落格是件苦差事，就像艾瑞克班上少數幾位坦誠這項作業讓他們十分頭痛的同學一樣。不用擔心，如果剛好遇上如艾瑞克這般的老師，那就換個方式，因為他總會幫學生找到其他替代方法。

我無法認定艾瑞克的教學作風，是否稱得上挪威老師的典型，畢竟我接觸過的當地老師有限，尚不足以供我做出這樣的評斷。但幾位曾接受過我訪問的挪威老師，他們之間確實又存在著高度同質性。「獨立思考」、「自我表達」、「激發學習興趣」、「善用工具」、「注重溝通」、「鼓勵好奇心」，諸如此類。這幾位挪威老師無論是任職於幼稚園、基礎教育或者高中，幾乎毫無例外，總會在受訪闡述個人教學方式時，適時穿插上述這些概念。

艾瑞克之外，契莉也是個有趣的例子。她曾受聘到香港一所國際學校教授英文。個人教學經歷一路從幼稚園累積至中學階段。她的觀察是，相較而言，香港家長比起挪威家長更在乎她的教學內容和方法。即使自己的小孩才剛滿三歲，即有香港家長憂心忡忡拉著她討論未來子女上大學的問題。但做為一名「出身挪威」的老師，她首要關心的是這些小孩們在學校裡有沒有交到朋友。「我們（挪威老師）在乎的是社會（人際）互動，不管你擁有多少知識，最重要的是你有沒有機會和能力去運用它們。」

契莉曾當著一名香港家長的面嚴正提出，「如果你沒有時間陪伴你的小孩，偶爾讀故事書給她聽，卻要求我每個星期得盯著她在學校至少看完三本書。那麼，你的女兒若還想繼續留在我的班級，我會要求她一個禮拜至少有一個小時必須什麼都不做，純粹只是玩遊戲。」因為她發現這位家長的女兒，不太懂得如何與人交友。若在挪威校園，這會被視為有必要進行家庭訪問、深入調查的大問題。

累積了幾年往返亞洲和挪威的教學經驗，契莉說她發現兩邊學生最大的差異，就是香港學生習慣等著老師單向地教導他們，挪威學生則老是圍著你七嘴八舌不斷拋出問題。且香港父母似乎都非常忙碌，他們多數是把小孩的教育工作丟到學校裡尋求解決。挪威家長剛好相反，無論什麼階段，他們都很願意參與小孩的成長。

契莉說得一點也沒錯。好友安琪拉十五歲的兒子安德每週四都會到社區運動場打籃球，原本

右：艾瑞克的班級下課後，全班同學一起拍了張合照。
左：累積了幾年往返亞洲和挪威的教學經驗，契莉說她發現兩邊學生最大的差異，就是香港學生習慣等著老師單向地教他們，挪威學生則老是拉著你有問不完的問題。

我以為那不過是年輕人間的休閒活動，結果卻是由附近鄰居家長負責打理一切，並協助組成籃球俱樂部。家長間互有分工，比方說安琪拉的先生史頓就得經常幫忙扛礦泉水，有些家長則是到場邊擔任比賽計分員。一如契莉所說，亞洲社會的父母的確比較少花時間介入子女這類活動，倒是十分熱中於盯著小孩們的課業表現。

另一方面，艾瑞克亦曾向我提及，在他課堂上，學生們學習的目的已不僅僅只是為了增進運動專業知識。無論這些學生將來能否往體壇發展，他所重視的，是一個被視為獨立個體的挪威青年，離開他的班級後，能懂得思考，並且有能力明確向旁人傳達自己的主張。縱有意見不合，也願意進行溝通，這才是教育真正的目的。不應該只是著眼於學生們有沒有辦法在有限的時間內，盡可能地吸收繁複龐雜的知識。

二〇一三年底，適逢挪威外國記者協會主席改選，所有成員都收到了開會通知。會議開始時，對著我們這群非挪威籍的外國人，會議主持人開頭第一句話即是：「今天，我們將以『挪威人的方式』開會。」語畢，大家會心一笑。因為那表示會議過程將會十分冗長，所有人都有機會表達意見。平時大家的看法便未曾一致，那麼，多花點時間討論未來主席人選也是意料中的事。

好友約翰任職的挪威商業學院電腦部門，曾以「該不該幫某位同事購買生日蛋糕慶生」為由，召集所有同仁，煞有介事公開討論此事。因為同事間有人提出，如此一來，是否對之前未獲生日蛋糕的同事不公平？又或者未來有必要將它訂定為辦公室的例行作業？來自美國的約翰，手邊正忙著撰寫一套全新的電腦系統程式，被急急忙忙叫到會議中心，得知開會主題居然只是為了一塊生日蛋糕，差點沒從椅子上摔下來。

在我看來，也許這些例子稍嫌小題大做。但在挪威人的日常生活裡，這正是他們從小養成的處事習慣。一個人假若天資聰穎，學習力強，擁有良好的成績，漂亮的學歷，卻不擅長與人溝通互動，也難稱得上是成功的教育典範。

「挪威式」的會議，意謂過程將相當冗長。

關於協調溝通，這個國家畢竟擁有悠久的歷史傳統，這也是為什麼他們經常出面斡旋、調停他國紛爭的原因。他們有想法，且擅長表達、願意對話，同時彼此尊重。面對一個黨派林立、宗教多元、立場互異的社會，這是確保他們不會亂成一團的重要原因。挪威青年在步出社會之前，多半已具備這些能力。而且似乎不需要特別設計所謂的口語傳播、人際溝通課程，艾瑞克開出的部落格作業，其實就足以成為有效的學習經驗。

20. 一所挪威高中的社會科考試

挪威社會高度信任自己國家的年輕人，相信他們十八歲之後，對任何事物皆可提出自己的推論和想法，並藉由個人的觀察，能條理分明對外傳達主張。這無疑是成年人必備的基本功夫。

每年五月一日起，便進入了挪威高中的畢業季。直到十七日挪威國慶典禮當天，當地畢業生會特別穿上一襲稱之為「羅斯裝」（Russdress）的工作服出門，標示自己即將展開人生新頁。挪威文的「Russ」源自丹麥文的「Rus」，指的是大學裡的新生，挪威人引伸其意，從此代表一個正式邁向獨立自主的年輕人。羅斯裝依照高中不同類組而有顏色之別。例如文組和理工科的高中生會穿上紅色羅斯裝，商業管理科系會穿上藍色羅斯裝，農務科系穿上綠色羅斯裝，技職學校穿的是黑色羅斯裝，白色羅斯裝則屬於體育學科的代表色。這項挪威高中生迎向畢業的悠久傳統，使那段期間的奧斯陸街頭更加色彩繽紛。

整整半個月，他們可以在街上任意咆哮、喧嘩，恣意載歌載舞，偶爾擾亂公眾秩序（有時因為太過分，使民眾的容忍度漸趨下滑）。或者集資將一輛舊巴士改裝成行動酒吧，在裡頭安置音響、吧檯，裝上五光十色的燈光設備，沿街播放震天價響的電子音樂，招搖過市、隨興開趴。房東彼藤（Biten）的大兒子雖然放棄和同學一起參與電子巴士之旅，卻也特別情商父母讓他在自己家中舉辦派對。彼藤和先生當晚只好識趣地相約外出吃飯，為了不掃小孩的興，飯後還又看了場電影，只為盡可能讓出家中空間，供一群小伙子熱舞狂歡。

結束瘋狂不羈的成年儀式，卸下羅斯裝後，他們將正式揮別過往羞澀的青春，全然獨立為一個凡事得自行負責的成年人。他們會搬離父母家、和朋友分租公寓，自己想辦法籌措生活費，沒有人會指揮他們應該找份工作、繼續升學或者去當兵。高中畢業，意味眼前的是一盤新棋局，光是有抽菸、喝酒的自由，並不足以代表成年。他們被交付了所有成年人必然的權利和義務，得開始傷腦筋如何建構自己往後的人生。

因此在成人之前，挪威教育便培養他們擔當的本事。在兒時習得的裁縫、烹飪和修繕房子技巧，很快就派上用場。在專業學科之外，他們還得同時具備成熟的價值觀和道德感，並且認識自己，找出自己的方向，不依賴父母，懂得掌控自主獨立後的生活。

屬於法定成年的高中時期，是訓練一個人思考和辯證能力最重要的階段。挪威社會高度信任自己國家的年輕人，相信他們十八歲之後，對任何事物皆可提出自己的推論和想法，並藉由個人的觀察，能條理分明對外傳達主張。這無疑是成年人必備的基本功夫。挪威教育不會將一個只懂得穿羅斯裝飲酒作樂的年輕人丟進成人的叢林世界。*

二〇一四年五月十七日，那是我最後一次上街觀賞挪威人的國慶遊行。娜拉坐在嬰兒車裡，睜大著雙眼，目不轉睛地看著眼前的嘉年華人潮。她偶爾會被一旁穿著羅斯裝，時而叫囂喧嘩、時而引吭高歌的挪威畢業生所吸引。剛升上高一的安琪當天並未參加這場街頭盛會，而是窩在家裡準備期末考試。幾星期前，我才見識過他們學校高一社會科考題，於是相當能理解，在這舉國歡騰的日子，安琪為什麼選擇缺席。

* 挪威人十八歲開始享有投票權，可選擇從軍，可申請結婚、同居、同性婚姻，可買香菸，以及飲用酒精濃度一八％以下的酒類商品。同時適用所有一般成人的法律權力和義務。

五一七國慶日當天，亦是畢業生最後的慶典。

那張社會科考卷分為兩部分。第一部分是名詞解釋，第二部分是申論題。名詞解釋共有三個問題，它請學生說明：

一、「何謂國家主權」(Suverenitet)

二、「什麼是權力」(Makt)

三、「全球化的意義」(Globalisering)

根據安琪的說法，這幾道名詞解釋皆為簡答，準備過程比較簡單，只要把課堂上教科書裡提到的內容寫出來即可。但要應付申論題，就又另當別論了。考卷上列出的申論題題目是：

請說明二次大戰之後，聯合國的工作目標是什麼？依你所見，聯合國有沒有達成這些目標？請以實例佐證你的論點，並提出其中來自全球的阻力和助力。

這份社會科考試的測驗時間為四十五分鐘，而且不採可翻書(open book)方式進行。事前如果沒有下過功夫，光是以教科書內容照本宣科，很難拿到好分數。對有志朝醫學院邁進的安琪來說，這科考試的成績至少要得到六分（評分方式為一到六分）。

問題就在於想得到六分，除了作答的基本事實必須正確外，一如題目中所強調的「依你所見」，學生還得有辦法提出個人的意見和分析。同時進一步舉證正面和反面例子，去陳述或佐證自己的觀點，具體說出它的一體兩面，而後歸納出自己最終的結論。等待成績公布的安琪，當時拿著這份考卷打算和我討論，我向她坦言我可能會繳白卷。她說：「這樣嗎？好吧，你只要記得在左上角寫上自己的名字，至少還可以得到一分。」國慶日當天，安琪選擇留在家裡念書。可以想見，即將而來的期中考試，一樣不是那麼輕易就能應付過關。

起初，看見這些題目，我以為純然是為測驗學生的國際觀，但似乎又不僅止於此。雖然安琪打算學醫，但因為二年級才正式分組，她也得要上歷史和社會課。安琪在歷史、社會課中，她也許認識了印度童工的問題、中國的極權政治、亞洲的庶民文化、歐盟的組成，還有美國與俄國粗略的簡史，但他們很少以背誦來證明自己從課堂上獲取多少知識。多數時間，如同那份社會科考題的申論題，老師總是鼓勵學生思考，尤其是深入探究正反兩面不同的意見。藉由多方立場的交鋒，從而形成自己的看法。因此，在所謂的教科書之外，安琪還得自行閱讀不少相關的課外讀物。幸好當地考試經常沒有標準答案，她不必讀盡各類教材，才能確保萬無一失。

不少挪威政治人物和記者，都是畢業自安琪所就讀的奧斯陸大教堂學校。當學生們長大成人，掌握國家行政資源和媒體版面操控權後，或許會因為曾有過這一段準備考試的經驗，進而懂得避免在某些見解上固執專斷、剛愎偏頗。挪威政壇左、右兩派壁壘分明，黨派立場互異，但多元聲音的社會，相互間的溝通，至少都能在務實、理智的基礎和氛圍下進行。

舉凡穆斯林女警穿著制服執勤時，可否依照伊斯蘭教義於臉部包覆面紗？應該驅趕外來行乞者以端正市容，還是有必要站在人道立場替他們搭蓋公用淋浴間？墮胎能否合法化？同性相戀可否享有和傳統婚姻同等的保障？加入歐盟是利是弊？諸如此類爭議經常糾纏著挪威人。但毋庸置疑，挪威同時又是個各方面皆呈現高度穩定的國家。一個社會如此百家爭鳴、言人人殊，國家卻未淪於空轉膠著。也許安琪借我瀏覽的那份高中考卷中，已說明了當中潛藏的道理。

艾瑞克交代給學生的部落格作業，不也存在同樣的目的。他曾對學生說：「我會在課堂上把我所知的全告訴你們，但下課之後，你們若希望能增加自己額外的知識，那就是你們自己的事了。」艾瑞克告訴我，身為一名挪威高中老師，他們從來不需要認為自己會是學生唯一的知識來源。老師的作用，不過是刺激學生思考，引發他們自我學習的欲望。因為無論哪一位學生，其實都有能力靠自己的力量，在別處找到更多和課程相關的知識，而且甚至多是身為老師的他所不曾聽聞的。

挪威式的教育環境，著重於培養學生思考、辯證能力，以因應眼前瞬息萬變的世界。事實上，校園向來只是學生十八歲以前，獲得知識和學習技能管道的一環而已。除了學校裡的學習，挪威學校還給了學生足夠的機會和時間去挖掘教科書以外的事。挪威高中生下午四點就能放學返家，當然行有餘力為自己增廣見聞。他們因此能更貼切地去理解和評價他們所生處的時代，務實地規劃未來，不至於被迫成天埋首書堆，徒然讓個人知識與當下環境脫節。

每年五月一日起，直到十七日挪威國慶當天，當地畢業生會特別穿上一襲稱之為「羅斯裝」的工作服出門，標示自己即將展開人生新頁。

挪威國慶日後，妮可帶著小女兒維多利亞來訪。她比娜拉稍長，已到了可以邀請同學到家裡舉辦生日派對的年紀。因為妮可提及，我才知道挪威的幼稚園家長，有時還得為了如何替小孩們慶生，慎重其事地開會討論。當時維多利亞班上有兩位小男生，老是欺侮弱小，行為近乎霸凌。於是有家長建議，是否就不要邀請這兩位小男生參加生日派對。妮可問我，如果是我，我會怎麼做？附和反對他們參加，也許是為人父母普遍的反應。不過，妮可和其他家長們不愧是受挪威式教育訓練長大。當時他們立刻反問自己，在人際互動上，自己的小孩假如邀請了全班同學參加生日派對，卻獨缺其中兩位，是不是也等於不自覺地對這兩位小男生施行了另一種形式的霸凌？

對挪威高中生而言，進入成人世界前最重要的準備工作，就是培養自我獨立思考能力。

我想，很多時候，我們應該都以安琪那堂社會科考試為範本，針對生活上的許多問題自我詰問，並以此教育子女。哪怕只是辦個生日派對這種小事，它都蘊含了一個人的立場和價值選擇。思考、辯證不是大人們的專利，假如從小沒有養成這方面的習慣，我們又如何確信自己成年之後，不是人云亦云、缺少見地、任由旁人或外力牽引？又如何相信自己能在爭論不休的議題和有疑義的價值中，自由選擇其中一方。

一九〇三年獲頒諾貝爾文學獎的挪威作家比昂松（Bjørnstjerne Bjørnson）曾特別寫詩歌詠「羅斯慶典」（Russefeiring），為挪威高中生的畢業儀式，益發增添餞別自我的況味。酩酊大醉之後，一覺醒來他們將一肩承擔人生重責，成長似乎就在瞬間。我相信絕大多數的他們，已然做好準備。我亦滿心期待著娜拉生命中這一天的到來。

後記／

兒童至上

任何有「國家永續經營」概念的社會，便絕不可能輕忽任何一個兒童存在的價值。他們現下也許還毫無建樹，甚至連話都還講不清楚，遑論影響力。但假以時日，可能其中一人單槍匹馬就能為這個國家帶來決定性的改變。

結束一段施施而行、漫漫而遊的挪威之旅，回顧過往，無論挪威的美有多麼震懾人心，終將隨著記憶消散。不過，至少仍有一幕是如此讓人難以忘懷：當地小孩總能眉開眼笑地在湖邊戲水、在山林裡縱情奔跑、在雪地上踩著滑雪板飛速疾行、在田園間大啖野莓蘋果。他們如今依舊享有我們孩提時代，一段曾經有過的那種自由。那般無拘無束。即便身處車水馬龍、人聲鼎沸的繁華都會，他們也還能是四處東奔西跑的孩子。

「兒童至上」幾成挪威人打造自己國家的金科玉律，小孩彷彿皆是王國的上賓，享盡國家資源厚愛。任何家長只要以處理小孩事務為由，向公司主管告假或者打算提早下班，絕對都不成問題。他們的上司當然偶爾也會這麼做。為了小孩放下手邊工作，從來毋須編造事由，更不必扭扭捏捏難以啟口。曾有政府部會首長堂而皇之自請育兒假在家帶小孩，桌上政務全數移交給同事代理。此外，還有一名政黨要員竟以當天要接小孩下課為由，臨時缺席年度黨代表大會。該黨主席知悉後僅回了句：「喔，這樣啊，小孩（幼稚園）總不能自己回家吧。」日理萬機、統攬國政大權的前挪威總理史托騰伯格（Jens Stoltenberg）在位時，經典名句之一便是：「把小孩照顧好，是每位國民每天生活中的首要工作。」

挪威兒童之所以深獲國家重視，似是有跡可循。二十世紀前半葉戰禍連天的歐洲社會，可能是其開端。分別起於一九一四年和一九三九年的兩次大戰，前前後後造成歐洲數千萬人死亡。為避免國家勞動力出現衰退，各國政府開始賦予自家女人增產報國的重責大任。當時還未把焦點直接放在兒童身上，而是大肆宣傳生養子女正是女性同胞愛國的表現，甚至還說懷孕是婦女能為國家做出的最積極貢獻。尤有甚者，還有生小孩就頒發獎牌的創舉。總之，鼓勵生產可謂如火如荼。

國家盡其所能要求婦女同胞多生小孩，為的就是要填補因為戰爭所造成的人力空缺。當時歐洲許多有識之士皆十分擔心自己國人的生育率會落於人後，挪威自然也不例外。直到二〇一二年全國人口終於突破五百萬，挪威才從長期人丁單薄的危機感中，稍稍鬆一口氣。

不過，兩次大戰期間，正巧也是歐洲婦女運動出頭的時機。男人在戰場上死傷無數，間接促使一夕成了寡婦的女人們學習獨當一面。她們為了維持生計、養家活口，紛紛外出尋找工作，從此成為家中經濟重要來源，且開始積極投身公眾事務。就算她們的男人安然從戰場上回來，也未必有能力重新適應已然恢復太平的日子。於是許多家庭的存續多是由女人挑起肩頭重擔。傳統性別角色自此出現明顯的鬆動。對照當時將女人視為生育機器，鼓吹女人以懷孕生子為己任的政令宣傳，歐洲婦女實際上已欲圖追求自我、走出家庭。

挪威的女權意識也跟著這一波浪潮風起雲湧，當代文學作品更有推波助瀾的作用。

例如十九世紀中期，挪威女作家卡蜜拉・柯萊特（Camilla Collett）＊即開風氣之先，在一八五四至五五年匿名發表了一部名為《總督女兒》（*Amtmandens Døttre*）的小說，描述一名年輕少女，無懼性別枷鎖，抵死不從父親為她安排的婚事，展現了個人情感不受操縱的自主性。小說情節無疑嚴重違反了那個年代世俗的道德觀，讓挪威社會為之震撼。挪威女人們卻大受啓蒙。

緊接而來，一八七九年由挪威劇作家易卜生（Henrik Johan Ibsen）創作的《玩偶之家》（*Et dukkehjem*），又進一步將傳統女性長期受到的束縛與不公，寫實地攤在陽光下。女主角自行結束婚約，最後甚至拋夫棄子，在當時簡直離經叛道，劇情因此受到歐洲保守人士強烈批評。此部衝擊性極大的作品，可為挪威女權運動的濫觴。影響所及，甚且不只局限在挪威。和易卜生齊名，並稱挪威文壇兩大巨人的挪威文學家比昂松（Bjørnstjerne Martinus Bjørnson）之後也在一八八三年以一部《手套》（*En hanske*），重重敲擊了那堵父權之牆。光是女主角絲薇瓦因為未婚夫在外偷情，而將手套砸在他臉上的一幕，就足讓歐洲傳統男尊女卑的信徒渾身上下不舒服，以至於要修改後才能上演。更早之前，曾在一九二八年獲頒諾貝爾文學獎的挪威女作家西格麗特・翁塞特（Sigrid Undset）＊，在歐洲女權運動萌芽之初，即不畏人言、身先士卒地主動捨棄信

＊ 卡蜜拉・柯萊特成名於十九世紀中期，在所著《總督女兒》一書中，主要描述一名少女，因勇於表達自我，進而成功抵抗了父親為她安排的一段婚姻。在那個時代，如此的作為，形同直接挑戰了歐洲父權社會的遊戲規則，甚至可謂大逆不道。不過，書甫出版，隨即受到歐洲女性讀者大力支持，眾人競相爭讀。這部著作日後則被視為挪威女權運動的濫觴。連挪威劇作大師易卜生的作品也深受柯萊特的影響。

＊ 挪威史上曾出現過三位諾貝爾文學獎得主，分別是比昂松（Bjørnstjerne Martinus Bjørnson）和哈姆森（Knut Hamsun）與西格麗特・翁塞特。而西格麗特・翁塞特是唯一的女性。她善以細膩的筆觸，直搗當時挪威社會道德淪喪和倫理敗壞的一面。

奉基督教（挪威國教為基督教），改而皈依天主教。藉此宣告自己雖然是個女人，也有選擇宗教信仰的權力。

挪威女性地位的走勢，就在此時像條從谷底躍升的弧線。經過半世紀以來的推進，如今堪稱已和挪威男人平起平坐。女性總理就出了兩位，連王室也一舉跟進修改繼承條款，未來挪威也可能出現女王。於是，問題來了。

若要提高生育率，依舊有賴婦女懷孕生子。然而戰後嬰兒潮雖然出現了，但新時代的女人除了生養子女，她們也想出門上班，想追求自我。新一代的女性早就不甘心承接老一輩母親的命運，成天被綁在家庭瑣務上，日以繼夜獨力辛苦拉拔小孩。那麼，最直接有效的解決之道，就是把父親拉回家庭，並訓練他們也能和太太一起攜手操持家務。

戰爭造成人口下滑，婦女因此被鼓勵生育，但遇上女權意識擡頭，女人也不再完全埋首親職工作，此時毋須再上前線作戰的男人，必然就得一同負起子女的養育責任，進而逐漸改變了現代父親的角色。從此小孩的成長教育，便是由父母共同承擔。本書各章節所提及的挪威式教養內容，自然不會只是媽媽的天職和義務。事實上，也唯有浸淫在平權社會的氛圍之下，許多挪威教育的設計初衷才有付諸實行的可能。

當男孩能把毛線球織成一條圍巾，女孩能使用榔頭、扳手製作桌椅，意味男女雙方皆被訓練成「更完整的人類」。由這些新新人類所造就出的整體國力表現，恐怕早遠超過當初純粹衝刺人口數的政策預期。

在挪威諸多政府單位之中，職司兒童事務的部門全名為「兒童、平等暨社會包容部」（Barne-, likestillings- og inkluderingsminister）。基於上述背景，我們得以理解這個部門將三者納為同一範疇的用意。尤其是「平等」和「兒童」之間的關連性。因為一旦論及挪威兒童福利制度，歸根究柢，很多都是出於兩性平等的精神。舉凡育兒假、育嬰津貼，幼稚園托育制度，都是同時考量父母雙方的條件和需求。更重要的是，每日平均工時法規的落實，讓家長在工作之餘，還行有餘力能親自接送小孩，而且沒有人會理所當然認為接小孩下課的人應該都是媽媽。

在父權體系下，我們習以為常地認為照護小孩是母親的工作。但挪威父母在小孩成長過程中，會彼此交替幫子女洗澡、換尿布、講故事、接送上下學或者推著他們出門散步，少有失衡狀態。這亦是當地教育內容中，相當著重的兒童健康人格養成要件。他們不僅傳授下一代平等主義的價值觀，同時也讓父母能以對等的方式參與子女教養之責。

至於何以如此大費周章，要把父母都拉進子女教養的核心圈裡，這又得回到小孩本身代表的意義了。當然，歐洲社會現今看待兒童的眼光，早已不若當年多子多孫多福氣的人口目的。兒童不再只是某個族群的集合名詞，每一個小孩都應該被看作是單獨的個體。這樣的態度同樣也是從平等觀念衍生而來，認為小孩不該被視為父母的附屬品。最重要的是，他們每一個人都是國家未來的公民。任何有「國家永續經營」概念的社會，便絕不可能輕忽任何一個兒童存在的價值。他們現下也許還毫無建樹，甚至連話都還講不清楚，遑論影響力。但假以時日，可能其中一人單槍匹馬就能為這個國家帶來決定性的改變。

在挪威，每個孩子對於國家來說，都是不可或缺的一分子，在他們的成長過程中，都能受到國家的重視，並接受均等機會與資源的教育。當地所有公共空間、大眾運輸乃至政府、民間舉辦的各式各類活動，從未忘記要替小孩保留一席之地。如此一來，保障友善小孩的空間，就是相當順理成章的事了。培育兒童的工程，其影響甚為深遠而重大，那麼父母兩方又有那一人可以從中缺席？

挪威人之所以認為兒童至上，關心小孩的教養過程，以及在乎他們未來可能變成什麼樣的一個人，心之所繫，我相信當中應該具備了更寬闊的眼光和心胸。身為家長，挪威人很少只懂得盯著自己的兒子和女兒，想像他們有一天能出人頭地、光耀門楣，一旦大人們領略到任何一個小孩都是社會共同的資產，彼此牽動各自的未來，藉由挪威經驗再回頭檢視我們當下的教育亂象，說不定大家對臺灣就會產生不一樣的格局和期盼了。

寫給娜拉的一封信

親愛的娜拉，如果我沒有告訴妳事情的全貌，或者以為採行挪威式的教育便可萬無一失，那麼，顯然我不是個盡責的父親。或者說，一旦這麼做，也就違反了挪威教育的精神。挪威的教育並沒有那麼完美。挪威校園同樣有許多讓人頭痛的問題。比方說，根據「挪威勞工暨社會福利局」(Nye arbeids- og velferdsetaten, NAV）二〇一三年的統計，在挪威全國青少年中，有一〇%屬於出身相對富裕的中產階級家庭，他們同時也是當地高中輟學生最主要的一群。因而反映出許多生活舒適、家庭條件優渥的青少年，在缺乏個人目標下，變得愈來愈不愛上學。

另外，同一時間，他們的報紙還說，約有八萬名十八歲到三十歲的挪威青年，從二〇〇〇年起就持續領取NAV給予的經濟補助。一方面，這代表了國家的經濟力量很強，也許失業率也不高。但其中有四萬名挪威年輕人竟被歸為「低工作能力者」，有三萬人幾乎找不到工作，只能靠請領失業救濟金過活。剩下的一萬人，則多有生理或心理問題，如憂鬱症。負責發錢的NAV早認為事態嚴重，強烈要求政府應該從改善教育系統著手，確保所有挪威青年離開學校之前，個人的技能條件能符合社會的需求。

這份報紙的記者還採訪了一些有實際教學經驗的挪威老師，請他們指出挪威校園裡究竟存在哪些不為人知的一面。一位曾參與高中生學習狀況研究計畫的醫護人員說，就她的親身經驗，她發現和其他國家相比，挪威學校紀律真的很差，學生上課時數又少，不少學生散漫的學習態度，讓人感到十分驚訝。她直言不諱，許多教過的學生中，有些人既懶惰、嬌生慣養又缺乏彼此尊重。他們會把腳翹在桌子上，上課上到一半，竟然還要求老師讓他們暫時休息一下，或者直接抱怨老師的教學內容太無聊。當她打算利用多媒體設備吸引學生注意力時，學生們反而毫不領情地在她背後竊竊私語，聊些言不及義的話題。而眼前少不更事的小伙子們，很可能會是未來挪威醫院裡的醫護人員。有學生還會不自覺地把手搭在她肩上和她說話，結果被她一把推開。

她說，這群懶惰的學生不僅自己不愛上學，還會慫恿同學。他們的父母對自己小孩逃學、翹課的行為則是莫可奈何，只能任由他們成天盯著智慧型手機、iPad 和筆記型電腦。他們畢業後根本找不到工作，尤其缺乏上進的動力，有些人每天都很晚才起床，等於一步步將自己推向社會邊緣。十八歲起，少有人會再從父母身上獲取金錢援助，但他們卻成天賴在爸媽家裡什麼也不做。

最後，報導指出ＮＡＶ已和各地學校合作，為這些迷途羔羊提供更多的工作訓練，協助他們取得職業證照，例如電工、汽車修理工，陸續已有五萬多名挪威青年受惠。

這篇赤裸裸的報導，如實反映了挪威教育的其中一個面貌。自妳出生之後，我和妳媽媽經常討論著一個始終充滿疑惑的問題：「什麼才是完美的父母？」那年夏天，妳成了我們家的新成員，帶給我們數不盡的歡樂，生活上也因而出現很多意料之外的喜悅，例如妳第一次叫爸爸、媽媽。但是無可迴避的，我們也常常為了妳的教養問題而時有爭執。或者因為對妳不瞭解，額外增添了許多疲憊、沮喪和焦慮感。妳偶爾莫名所以的啜泣，最終演變成嚎啕大哭，很多時候又專挑半夜發生，怎麼哄妳都無濟於事。無助的哭聲，簡直是在啃囓妳媽和我的腦袋。

許多專家會安慰我們，關於如何扮演一對完美的父母，說穿了根本沒有標準答案。每個父母都自有一套教養小孩的獨門方式，只要父母和子女雙方都有良好的感受，那就差不多接近正確了。

同樣的，回過頭看看挪威的教育內容，我們似乎也毋須奢求一套沒有瑕疵的教育制度，能幫助我們把妳養育成一個完美的人。儘管挪威教育也有他們自己的困境，但至少這些年來，挪威讓我看到了一些在我身上不曾發生過的教養方法。如果有機會重啟一回，說不定會讓成年後的我少走些冤枉路。

挪威人的優點，不只是他們外形長得俊俏、身材比誰都高，有強壯的體魄、寬闊的肩膀和修長的雙腿。又或者爬山的時候，沒有人比他們爬得快，總是先一步到達從沒有人去過的地方。事實上，孔武有力的外表下，他們同時也如同拓荒者一般，無時無刻在尋找民族的自我核心價值，並且有強烈的企圖心，將其注入廣及於所有人的教育之中。諸如平等、人權、女權、環保、多元、尊重和民主，都是挪威社會重視的事。很多時候，他們更關切自己國家的幼苗到底知不知道這些價值，更勝於學業成績。

當地的教育模式也許不盡理想，但它已證明這個國家曾經藉此成功打造出一個人人稱羨的斯堪地那維亞社會。在尚未達到同等境界之前，我相信挪威人的教育觀念和信仰，依然有著可靠的參考價值。

親愛的娜拉，我們就要離開這個曾讓我們驚鴻一瞥美好人生的國度，我打算將妳的嬰兒床留下，車子也得賣了，房子要交還給房東，那些極占空間的羽絨大衣，以後也未必再派得上用場。既然我們不會有像ＮＡＶ這樣的機構，做為個人頹靡生活的靠山。那麼，我們唯一得記得帶走的，就是挪威人對生命的熱情，和追求自我的勇氣。這本書裡記下的隻字片語，就是我們賦歸時滿載的行囊。

除此之外，我實在不知道該教妳什麼，或者告訴妳面對未來需要具備什麼條件。有時候我連自己的下一步都不知從何掌握。這個世界變化得太快，誰能確定當妳到了我這個年紀，手上會是拿著什麼樣奇形怪狀的手機。很清楚的，這草草數十篇文章，根本不足以撐起妳往後未知的人生。它們總也有落伍、過時，需要再次修正的時候。但至少，妳能記得就夠了。

也許，有天妳也有機會和我一樣，走進市區一家麥當勞，點了份餐點，左顧右盼，挑了個角落的位置，拿出 iPad 上網神遊。或者隨性翻閱一本雜誌，閱讀一本書，享受無人干擾的午後。突然，一陣刺鼻的異味從妳面前飄拂而過。一位穿著邋遢、披頭散髮的婦女「咚」地一屁股坐到妳隔壁桌，從她指甲上的汙垢看來，妳更加確定這名狀似流浪漢的女士，已經很久沒洗過澡。

在妳蹙著眉頭，略微調整呼吸，打算起身移往他處時，妳腦袋裡也許會出現一個畫面，就像那時我所看到的：周遭的挪威人依舊自顧自地用餐、不以為意。沒有人以逃離現場的舉動，表露對這位女士的鄙夷和凸顯自己的無禮。還記得嗎？挪威基礎教育曾經提到一件很重要的事——任何人的尊嚴，都是不容侵犯的。如果她有地方洗澡，又何必忍受這種不適。這樣的經驗，是不是會讓妳想到一個社會該追尋的公平、正義、平等及寬容。如果妳認為她影響了妳用餐，那就請找出一套方法，讓我們周遭不必再有任何人需要面對這種生活。如果妳在挪威生活過一段時間，妳會知道，當地很多人就是這麼想的。而那正是挪威教育的目的。

最後假如妳和那一〇%的挪威高中生一樣，對學校的一切興趣缺缺。如果，當然，我極不希望如此。因為覺得無聊而不愛上學，想以提早闖蕩江湖挑戰自我，或者成天賴在家裡無所事事。那麼，記好了，十五歲之後，我一切尊重妳的決定，妳不只是個獨立的個體，我也相信，妳必然會有足夠能力，去思考自己要用什麼樣的方式走過青春。況且，我們何必一定得逼迫一個人按照大人的邏輯填空人生，即便妳是我的孩子，我也不打算這麼做。就像那位偉大的挪威探險家南森說的，「與其讓一個人坐在教堂裡想著出門滑雪，還不如在出門滑雪時想到上帝。」娜拉，自己看著辦吧。

如果妳認為路上行乞的人影響了妳，那就請找出一套方法，讓我們周遭不必再有任何人需要面對這種生活。

十五歲之後，我一切尊重妳的決定，妳不只是個獨立的個體，我也相信，妳必然會有足夠能力，去思考自己要用什麼樣的方式走過青春。

島嶼新書
22

娜拉，如果妳在挪威長大

作者——李濠仲
總編輯——莊瑞琳
責任編輯——劉盈君
封面設計及內頁排版——張瑜卿
封面及內頁插畫——日淳

社長——郭重興
發行人兼出版總監——曾大福
出版——衛城出版
發行——遠足文化事業股份有限公司
地址——二三一四一　新北市新店區民權路一〇八－二號九樓
電話——〇二－二二一八一四一七
傳真——〇二－八六六七一〇六五
客服專線——〇八〇〇－二二一〇二九
法律顧問——華洋國際專利商標事務所　蘇文生律師
印刷——詠豐股份有限公司
初版——二〇一六年二月
定價——三二〇元

國家圖書館出版品預行編目資料

娜拉，如果妳在挪威長大 / 李濠仲著.
－初版.－新北市：衛城出版：遠足文化發行，2016.02
面；　公分.－(島嶼新書；0LIN0022)
ISBN　978-986-92113-2-1（平裝）
1.教育制度　2.挪威
520.9474　　　104029081

ACRO POLIS 衛城
EMAIL　acropolis@bookrep.com.tw
BLOG　www.acropolis.pixnet.net/blog
FACEBOOK　http://zh-tw.facebook.com/acropolispublish

填寫本書線上回函

● 親愛的讀者你好，非常感謝你購買衛城出版品。
我們非常需要你的意見，請於回函中告訴我們你對此書的意見，
我們會針對你的意見加強改進。

若不方便郵寄回函，歡迎傳真回函給我們。傳真電話—— 02-2218-1142

或上網搜尋「衛城出版FACEBOOK」
http://www.facebook.com/acropolispublish

● 讀者資料

你的性別是 □ 男性 □ 女性 □ 其他

你的職業是 ______________________ 你的最高學歷是 ______________________

年齡 □ 20 歲以下 □ 21-30 歲 □ 31-40 歲 □ 41-50 歲 □ 51-60 歲 □ 61 歲以上

若你願意留下 e-mail，我們將優先寄送 ______________________ 衛城出版相關活動訊息與優惠活動

● 購書資料

● 請問你是從哪裡得知本書出版訊息？（可複選）
□ 實體書店 □ 網路書店 □ 報紙 □ 電視 □ 網路 □ 廣播 □ 雜誌 □ 朋友介紹
□ 參加講座活動 □ 其他 ________

● 是在哪裡購買的呢？（單選）
□ 實體連鎖書店 □ 網路書店 □ 獨立書店 □ 傳統書店 □ 團購 □ 其他 ________

● 讓你燃起購買慾的主要原因是？（可複選）
□ 對此類主題感興趣
□ 覺得書籍設計好美，看起來好有質感！
□ 議題好熱，好像很多人都在看，我也想知道裡面在寫什麼
□ 其他 ________
□ 參加講座後，覺得好像不賴
□ 價格優惠吸引我
□ 其實我沒有買書啦！這是送（借）的

● 如果你覺得這本書還不錯，那它的優點是？（可複選）
□ 內容主題具參考價值 □ 文筆流暢 □ 書籍整體設計優美 □ 價格實在 □ 其他 ________

● 如果你覺得這本書讓你好失望，請務必告訴我們它的缺點（可複選）
□ 內容與想像中不符 □ 文筆不流暢 □ 印刷品質差 □ 版面設計影響閱讀 □ 價格偏高 □ 其他 ________

● 大都經由哪些管道得到書籍出版訊息？（可複選）
□ 實體書店 □ 網路書店 □ 報紙 □ 電視 □ 網路 □ 廣播 □ 親友介紹 □ 圖書館 □ 其他 ________

● 習慣購書的地方是？（可複選）
□ 實體連鎖書店 □ 網路書店 □ 獨立書店 □ 傳統書店 □ 學校團購 □ 其他 ________

● 如果你發現書中錯字或是內文有任何需要改進之處，請不吝給我們指教，我們將於再版時更正錯誤

請沿虛線剪下

廣　告　回　信
臺灣北區郵政管理局登記證
第　1　4　4　3　7　號

請直接投郵•郵資由本公司支付

23141
新北市新店區民權路108-2號9樓

衛城出版

● 請沿虛線對折裝訂後寄回，謝謝！

ACRO POLIS 衛城出版

島嶼新書